小樽商科大学出版会
小樽商科大学創立100周年記念出版

もうひとつのスキー発祥の地

〈おたる地獄坂〉

小樽商科大学教授
中川 喜直

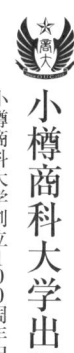

はじめに

明治四十四年小樽高等商業学校（略称：小樽高商、現：国立大学法人小樽商科大学）初代校長に就任した渡辺龍聖は、学生の冬季の運動にスキーを採用し北海道スキー術伝来のきっかけを作った。続いて「第二代校長伴房次郎」と「第三代校長苫米地英俊」は小樽のスキー発展に貢献し、さらには日本スキー界の発展に多大な影響を与えた。スキー術の黎明期において、小樽高商歴代校長が組織的に日本のスキー普及振興に尽力してきた事実はあまり知られていない。

小樽高商付近の地獄坂と緑ヶ丘一帯（小樽市緑三丁目近辺）は、最もスキーが盛んな地域となりレルヒ中佐から受け継がれたスキー術がスキー産業の発展とともに小樽特有の技術革新を遂げる。「公式スキー競技発祥の地」、「ジャンプ競技発祥の地」、そして北海道における「もうひとつのスキー発祥の地」に由来してスキー文化が築かれ、小樽出身者と小樽高商関係者は、競技者としても指導者としても日本をリードしていた。

明治四十一年小樽の人口は九万一千人余り、全国十四番目で北海道一大きな都市だった。明治末期から大正、昭和初期にかけて小樽の町には活力と経済力があった。小樽高商と小樽の人々との間には産学官の連携協力があり、スキーを通して多くの優秀な人材を育成し輩出してきた。北海道スキー術伝来百年を迎えた現在、雪で閉ざされた冬の町はスキーによって活気がもたらされ、小樽がスキーのメッカとして育まれた源泉について小樽高商を舞台に紹介する。

目次

第Ⅰ章　北海道スキー術伝来百年と小樽

第一節　明治四十五年もうひとつのスキー発祥の地〈おたる地獄坂〉

日本へ最初にアルペンスキー術を伝え「日本スキーの父」とも名づけられているオーストリア将校のレルヒ少佐、テオドール・エドレル・フォン・レルヒは、明治四十四年一月（一九一一年）新潟県越後高田（現：上越市）に着任し、日本で初めてスキー講習会を開催したことでよく知られている。翌年二月にレルヒは旭川第七師団に着任し、北海道へもスキー術を伝えた功績は広く称えられている。

一方、レルヒが伝えたスキー術が地獄坂（小樽商科大学までの急な上り坂）から学生や一般庶民に発信されていた事実は世の中にあまり知られていない。明治四十五年（一九一二年）二月二十一日旭川第七師団でレルヒのスキー講習会第一日が開始された日、小樽においてもレルヒの伝えたスキー術講習が始まった。

大正元年十月二十八日小樽高等商業学校渡辺龍聖校長と苫米地英俊講師らは小樽スキー倶楽部を創立し寄付金を集めてスキーを購入した。市民に無料でスキーを貸し出し、苫米地英俊らがスキー講師となり小樽高商付近にて毎週水曜と土曜午後二時にスキー講習会を指導し組織的な普及振興に尽力していた。

小樽は気候風土や地理的にもスキーに適した環境にあったことから、その後スキーのメッカとして発展していくことになるが、その源流にはレルヒのアルペンスキー術があった。娯楽の少ない時代、豊富な粉雪が積り町中至るところが坂道で経済的に恵まれた商人の町にスキーヤーが増えるのは当然だった。大正時代、北のウォール街として経済が著しく発展したこの地でスキー術は隆盛を極める。

緑ヶ丘一帯は一本杖スキーヤーで賑わった。スキー練習は杖不使用でも行われた

昭和後期かつて志村和雄小樽市長は「市民にとってのスキーは下駄がわりといえるし、市民にとっても手足の一部のようなものである」と述べている。スキーは冬の小樽の景色にすっかり溶け込んでいた。小樽高商の百年は北海道スキー史とともに歩み、その源泉となった地獄坂スロープからメッカと云われるほどに発展する由縁を紹介する。

日本へ伝わったレルヒのスキー術を北海道で初めて学んだ人物は小樽高商苫米地英俊と北海道鉄道事務所長北村源太郎の二人だった。雪国育ちの苫米地は渡辺校長の命により明治四十五年二月（一九一二年）に高田で開催された第十三師団スキー研究倶楽部主催の競技大会へ出張した。スポーツ万能とはいえ見たこともないスキーを学ぶには戸惑いがあったはずだが、若き講師らには勢いがあった。二人は信越スキー倶楽部発会式に参列し歩兵第五十八連隊において鳥居中尉の指揮の下で練習を開始している。苫米地らがレルヒの伝えた一本杖のスキー術を学んだ北海道で最初の人物であることは間違いない。柔道では負け知らずの抜群の運動能力と語学力に長けた苫米地はスキー講習を短期間のうちに理解し習得していったことだろう。苫米地は小樽高商赴任前には柔道の始祖で恩師にあたる嘉納治五郎に師事し、嘉納塾寮監を五年間に亘り務め上げている。

スキー術をマスターした苫米地は、明治四十五年（一九一二年）二月二十一日小樽高商正門前の地獄坂で初のスキー練習会を開いた。当時のスキーは軍用目的に普及することがねらいだったが、小樽では一般庶民や学生など民間へスキー術を広めたことに大きな意味があった。

越後高田より帰樽した苫米地は「当地よりスキー三台を持ち帰り、さっそく地獄坂山上にて生徒職員達と熱心に練習する」様子が当時の新聞に連日伝えられている。レルヒが北海道で最初に開催した旭川第七師団のスキー練習第一日の記事と並んで、練習会の記事が「小樽高商でもスキーの練習」の見出しとともに掲載されている。

旭川第七師団のスキー練習第一日目はレルヒのスキー講話で、スキー術講習は翌日「第七師団のスキー研究第一日は既記の如く二十一日午前十時より歩兵第二十八連隊将校集会所前の広場にて催された」と報告されている通り、小樽と旭川のスキー講習会の開始日は同じ明治四十五年二月二十

第七師団スキー練習第一日

明治45年2月22日小樽新聞

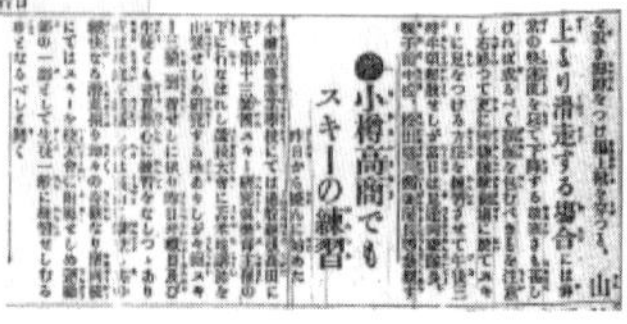
小樽高商でもスキーの練習

一日であった。

事前に練習会の日時を知っていた記者は、小樽高商に四・五名の同僚とともにさっそく駆けつけ旭川の様子と同時に報道している。二月二十四日の記事には小樽新聞の記者も練習会にスキーを履いて参加し、苫米地がその要領を説明している様子が詳細に記述されている。写真中央に苫米地が写り解説している写真は、「スキーの研究ぶり」が熱心に行なわれていた様子を伝えている。テレマークやクリスチャニア、ジャンピングなどのスキー技術用語がいち早く交わされ、翻訳作業や技術研究が早々と進んでいったことが窺える。冬季には娯楽が少なく豪雪で交通も不便な山坂ばかりの小樽の地域では、当時スキーに関心が高くなるのは当然だった。連日報道される新聞記事によって、普及振興が促進された。

小樽高等商業学校の渡辺校長は冬季の屋外運動についていろいろ考えた末、スキーを採用することに決し、早速スキー三台を買って練習を始めたところが、学校の所在及び小樽の地形が甚だスキーに適していると共にその趣味性が受け入れ易い為、学校を風靡し生徒も職員も薄衣軽装で、野となく山となく盛んに馳駆するようになった。スキーに興味を示す生徒達は苫米地の門弟となり雪の日も風の日も練習に励み、練習する生徒の数も増えていった。二月下旬には緩斜面を自由に滑走するまでに技術を習得する

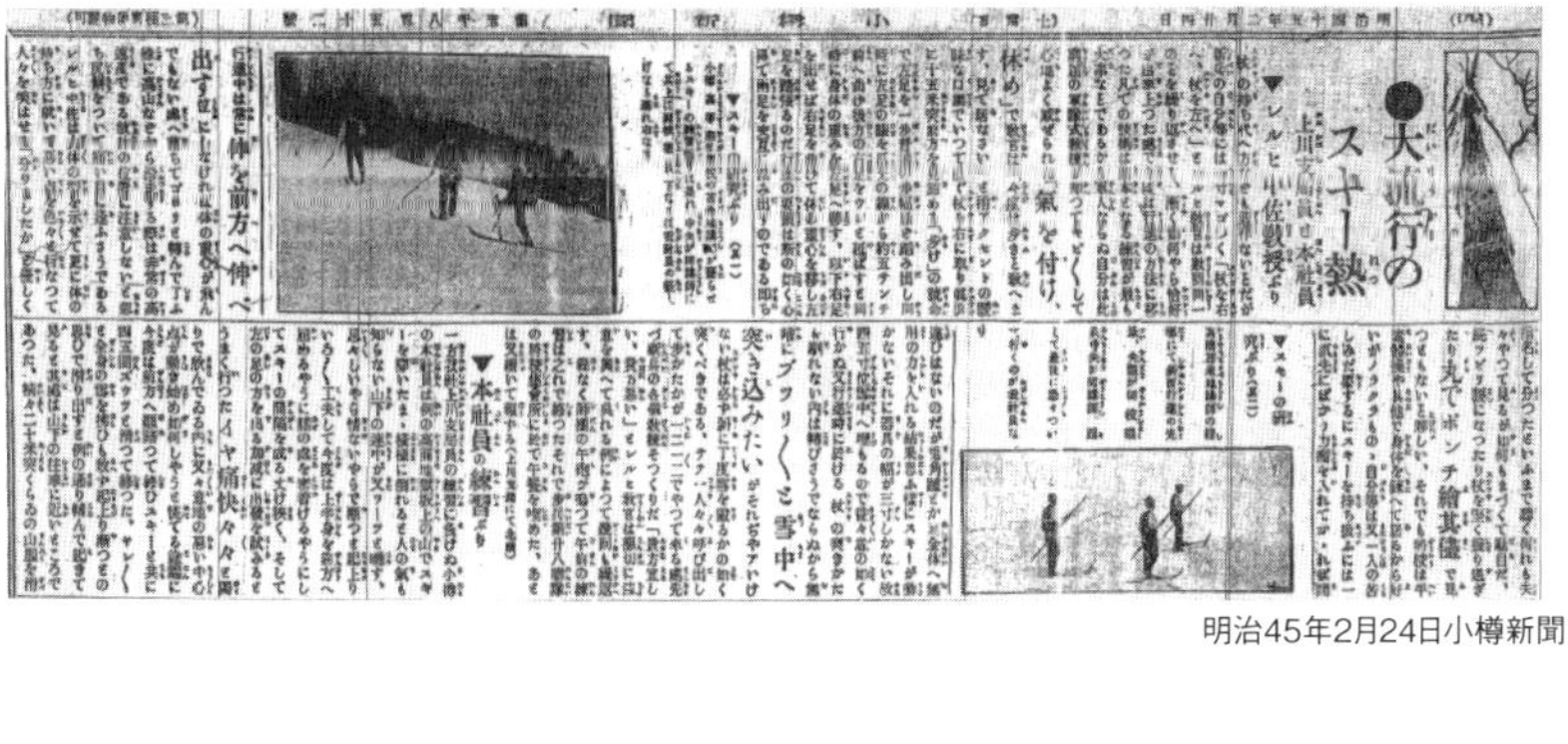
大流行のスキー熱

明治45年2月24日小樽新聞

小樽高商スキー部　一本杖スキー

ようになり、スキー術はこのようにして小樽高商一期生達や市民へ広がっていった。三月初旬には新潟県直江津より十数台のスキーが到着し、三月末の学年末試験を控えながら月を仰いで竹の一本ストックを持って生徒は練習に明け暮れていた。

その後間もなく、百台のスキーを学校に備え付け日本で初めて正課としてスキー授業がはじまることになった。当時、軍部が軍用スキー術の普及を図る一方で、苫米地はスキーを教育の一環として生徒に指導し、広く一般市民へも浸透していったのである。

翌シーズン、小樽高商と小樽新聞が中心となり創立された小樽スキー倶楽部では渡辺校長が会長、高商石鹸で知られる国松豊教授が理事長、小樽新聞の奥谷甚吉が理事になり寄付金を集め、スキー二十台を高田から購入し市民に無料でスキーを貸し出し、小樽高商敷地付近では旭川でレルヒの講習を受けた月寒歩兵二十五連隊中澤治平中尉が毎週日曜日に出向き、学生や市民に無料講習会を開催している。その後、花園公園前にある店にスキーを保管し貸出し料として五銭を徴収した。借り手は小樽中学（略称：樽中、現在：小樽潮陵高校）生徒と庁立商業学校（略称：樽商、現：小樽商業高校）生徒が多く、スキー倶楽部のスキーは破損が続出していたようである。小樽スキー倶楽部の歴史は北海道で最も古く、最初に創立されたスキー倶楽部としてその後数多くの全国スキー大会や事業を開催するようになるのであった。

大正元年十月小樽高商校友会スキー部が白鳥恒雄らによって創設され、学生スキー部が活発に活動するようになり、競技スキーへの発展もみられるようになった。

小樽郵便局ではスキー術を郵便電信の配達に利用し得る範囲、及び改良に関して研究を進めることを目的に毎週四時間集配人二名を選抜し非番者若干名に講習するとして、小樽スキー倶楽部に交渉しスキー講習を開始している。

後年の苫米地の談話によると、当初世間では贅沢な遊びとして、スキーはあまり受け入れられなかった面もあった。また、骨折などの心配から年寄りがするものではないという世評もあったという。しかし、大正五年頃から、スキーは学生たちから一般庶民の間にもひろがりはじめる。会社や商店の幹部クラスにスキーを楽しむ者が多くなってきた。札幌でスキーをするのは北大生が主だった頃、小樽では経済界が中心となって人々の間にスキー熱が高まっていった。小樽では主な会社や銀行では少なくとも五～六台、多いところでは二十～三十台のスキーを備えていた。日曜日だけでは物足りないと花園公園に電灯を引っ張ってウィークデーの夜の九時頃までスキーをするという熱の入れようであった。

小樽スキー倶楽部員として指導にあたった南波初太郎（樽中出身、大正九年北大入学）は、「当時、北大に汽車通でしたから、帰ってくると会社の退社時刻が一緒で、小樽公園に電灯を引いて夜の九時頃まで指導したものです」と述べている。

学校関係では渡辺校長と親密な間柄であった樽商黒沼義介校長が全校生徒にスキーを買わせて奨励し、庁立小樽高等女学校（現：小樽桜陽高校）が佐藤林三の指導のもとに正式にスキーを体育の時間に取り入れ、大正八年スキー体操なるものを考案している。尚、佐藤林三は旭川でレルヒのスキー術を学んだ人物である。

小樽はスキーのメッカとして発展していくことになるが、その根底には苫米地が継承したレルヒのアルペンスキー術があった。スキー練習会ではスキー術を庶民へ熱心に伝え、これを契機に戦後に至るまで小樽はスキーが最も発展していく地域となった。

苫米地英俊

北海道で初めてレルヒのスキー術を習得した苫米地は明治四十五年（一九一二年一月）に柔道及び英語担当講師として赴任し、小樽高商第三代校長及び小樽経済専門学校校長を歴任した。一九一九～二二年の間、商業英語と国際法の研究のために米国ハーバード大学及び英国オックスフォード大学へ留学し、一九一七年から四十一年間に亘り出版した『商業英語通信規範』は代表的な著書である。その生い立ちを四男の苫米地和夫（本学昭和二十九年卒）が平成七年九月に緑丘会館東京支部において講演した内容を要約する。苫米地英俊は明治十七年福井県大野町に生まれて長野県で育つ。長野中学時代に柔道で頭角を現し柔道の祖師である嘉納治五郎（東京高等師範校長）に見出され、嘉納から学費の援助を受けて東京外国語学校英語本科へ入学した。同時に嘉納塾（講道館柔道）に入門し、嘉納塾で五年間を寮監として過ごすが、この時の経験が教育基盤となった。小樽高商へは初代渡辺校長が嘉納と深い親交があったことから、恩師から「柔道を広めよ」との命を受けて赴任した。また、柔道の鍛錬に励む傍ら嘉納塾で水泳術の鍛錬も重ねており、水泳の普及にも熱心で北海道では水泳連盟会長を務めた。参議院選挙出馬のため退官後、政治家として千歳空港の開発促進や北海道開発庁の創立に尽力し初代北海道開発審議会会長を務めている。

明治四十四年度「職員進退に関する書類　甲号」によると、赴任時の担当科目は最初に「柔道」が記され、そして「英語の一部」を担当し、さらには寄宿舎が設置されたら舎監になるなどの条件が付けられた何でもこなせるマルチタスク対応型教員であった。

開学当初、採用教員にみられるように渡辺校長は実学を重視し、学校教育にスキーをいち早く導入するなど「文武両道」の精神を教育基盤とする息を小樽高商に吹き込んだのである。

スキー姿の苫米地英俊（校長在任中）

苫米地英俊校長

オーストリア将校レルヒ少佐

参考資料

高田日報　明治四十五年一月二十五日、二月一日、二月十四日
小樽新聞　明治四十五年二月十九日―二十四日
北海タイムス　明治四十五年二月二十二日
小樽新聞　大正二年二月二十六日、二月一日
校友会雑誌第一号　小樽商科大学所蔵　大正二年
小樽高等商業学校　卒業アルバム　大正三年
小樽新聞　昭和五年二月十五日
スキーの誕生　中野理　金剛出版　昭和三十九年
スキーのふるさとおたる　高橋純　大日本印刷　昭和五十五年二月二日
緑丘第八十号　社団法人小樽商科大学後援会　平成八年
苫米地英俊と小樽高商スキー部について　中浦皓至・池田弘一　北海道体育学会　平成十二年
写真でみる小樽高商・商大少史　百年編纂室　小樽商科大学学園だより一六一　平成二十二年

第二節　明治四十四年レルヒ少佐が伝えた「スキー術」、レルヒの小樽訪問

明治四十四年一月十四日レルヒ少佐（中佐昇進前）は日本スキー史上におけるスキー講習第一日目

を実施した。レルヒが伝えたスキー術は主に一本杖のオーストリア軍用スキー教程をもとにした内容でスキー教官養成の目的があった。講習ではレルヒの「メテレ（仏語で「つけろ」の意）スキー」の号令とともに繰り返し訓練が始まった。

鶴見宜信『スキー術』

レルヒからスキー術を習った日本人は数多くいるが、中でも日本陸軍歩兵大尉鶴見宜信はレルヒと数多くの旅行を共にし、登山スキーを一緒に楽しむほど親交を深めていた。鶴見大尉は第十三師団スキー研究員の一人として研究した事項を、レルヒが高田に滞在している間に詳細に記録し、スキー解説書『スキー術』を明治四十五年一月十八日に発刊した（定価二十五銭）。序文にはレルヒから寄せられた一文が載せられており、その技術書の真価は高い。以下、鶴見大尉著作のレルヒのスキー術をもとに紹介する。

レルヒは、一本杖のアルペンスキーだけではなく二本杖のノルウェー式スキーと加奈陀（カナダ）式スキーの三種類のスキーがあることを伝えた。ノルウェー式スキーの二本ストックについて、「杖ハ二本ヲ有シ左右ニ各一本ヲ持チ登行ノ際ハ之ニ依リテ運動ヲ容易ナラシメ…」とある。高連山地の踏破には適していることも伝えられたが、日本において広まるスキー術は一本杖のアルペンスキー術で、高山地に於ける運動には「アルペンスキーヲ以テ適当トス」と結論付けられていた。実施指導者であるレルヒは一本杖を使ったアルペンスキー術を教えた影響が大きく、ノルウェー式スキーは当初あまり普及していなかったが、その有効性については長年の論争となっていた。尚、カナダスキーについては触れられていない。

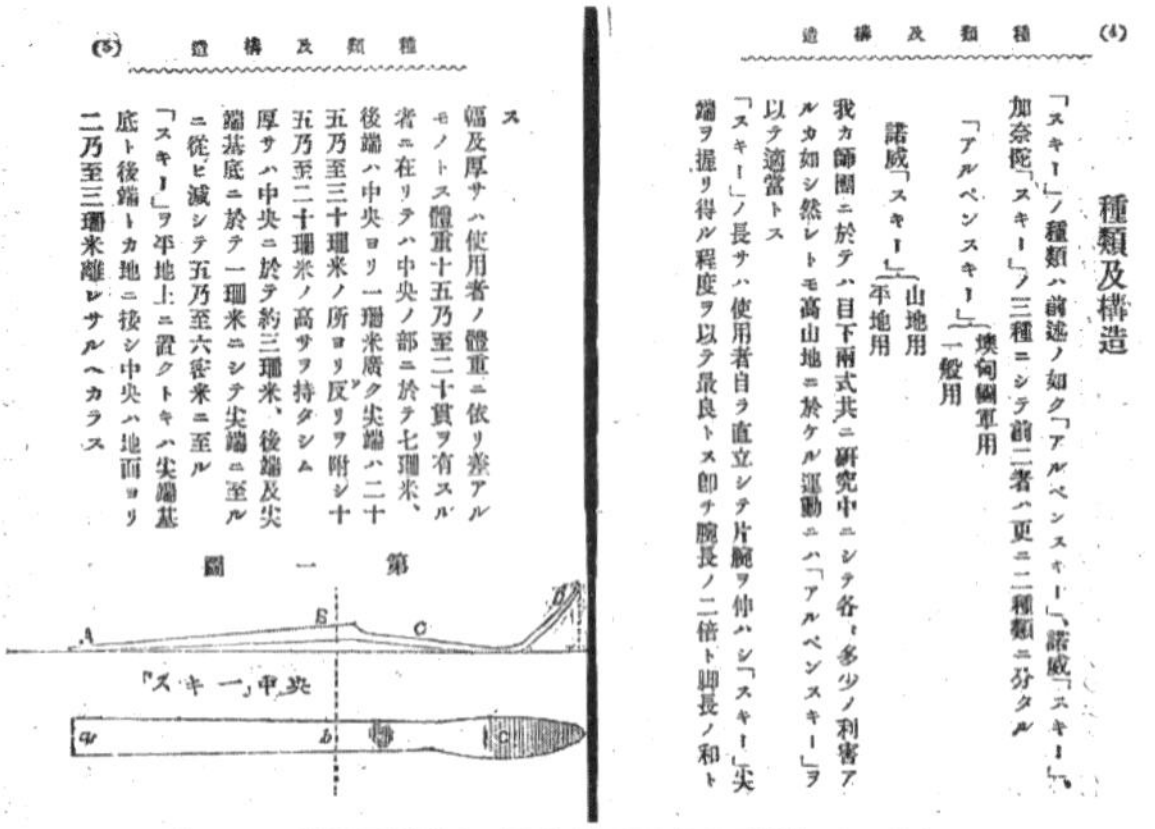

「スキーの種類及構造」の解説、鶴見宜信大尉著『スキー術』より

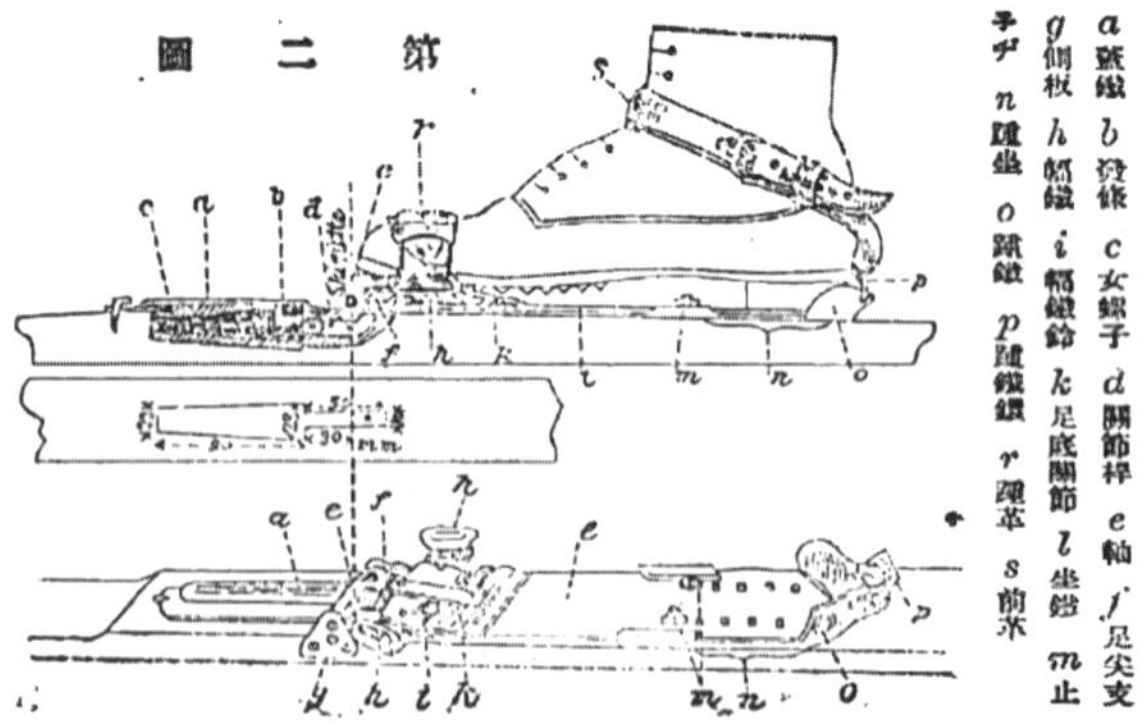

スキー金具の図説　鶴見宜信大尉著『スキー術』より

スキー板は木製で平行な木目を有するアッシュ材（和名：とねりこ）が最適とされた。スキーの長さは身長に見合う長さで、手を伸ばした時にスキー先端に指がとどく長さを選ぶ。スキー絵図をよく見ると、スキーのテールとトップはやや太く、中央部の幅が細く厚みがある。スキー先端が反り上が

り中央部が盛り上がる構造は、一九九八年前後にカービングスキーが現れた時の構造と驚く程よく似ている。スキーの長さはカービングスキー登場以前の上級者用とあまり変わらない。

スキーと靴を連結するスキー金具については、図に示すようにリリエンフェルド式金具が精密に描かれており、革紐に靴の先端を通し結び付けて金具と連結する。踵は靴の爪先を支点に上がるように工夫され固定されていない。その構造は、現在の山スキーやテレマークあるいはクロスカントリー用スキーに類しており、歩きやすい構造になっている。

スキー靴は、軍用の革靴が一般に用いられていたが、足が靴から脱げないように特殊な革紐を靴全体に覆うようしっかりと巻き固定されていた。また、スキー操作ができ易いように板と金具そして靴にそれぞれ工夫が施され近代スキーの基本構造が出来上がっている。ストックとして使用される一本杖は竹製でスキーの長さと同程度だった。

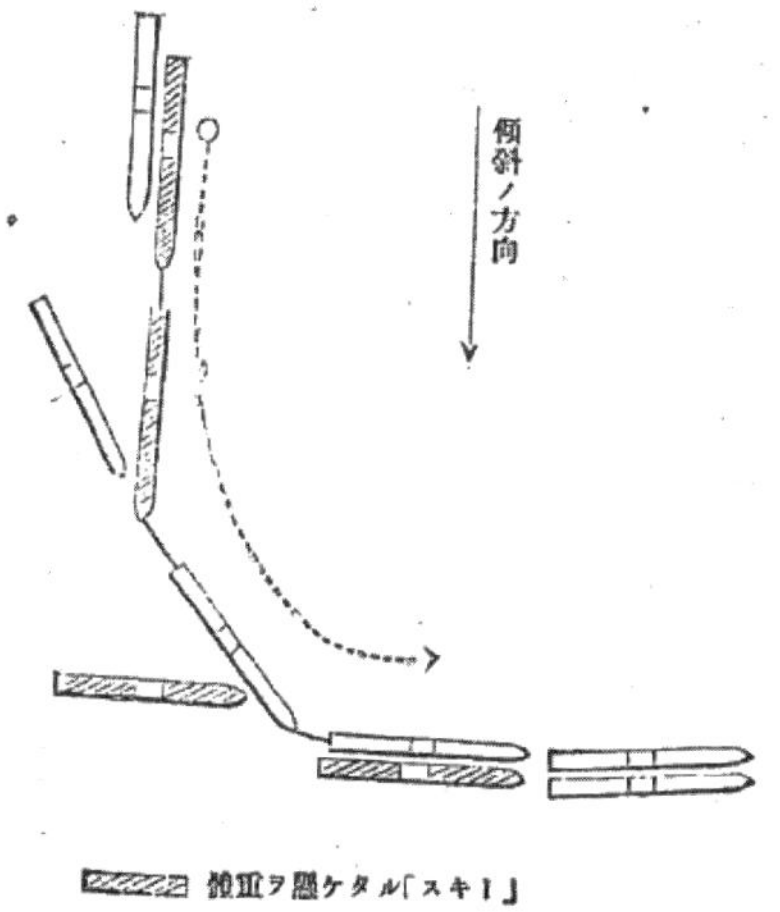

滑走中の停止

『スキー術』の解説ではスキーの脱着、直立から前進、方向転換などを基本にして滑走へと進む。滑走からの停止の技術は体重移動について重点的に図示されており、停止法のスキー操作について細かく記されている。『スキー術』に記載されている文章を解説する。図中の◯は一本杖を突く位置である。

アルペンスキー術

一、直立の姿勢より滑降の姿勢に移るにはまず谷足を屈し之に体重を掛け、同時に山足は体重を去り之を伸ばし靴の長さだけ前方に出す。
二、滑走姿勢より停止の姿勢に移るにはスキーを移動することなく山足を曲げて、之に全て体重を掛け後方にある谷足を伸ばしてそのスキーを少し内方に傾ける。
三、内方に傾けた谷足スキーの後端を出来る限り遠く後ろ外方に押し、その先端を山足スキーに接し、そして肩を動かすべからず。また、両足に体重を掛けるは誤りである。此の過失を知るには伸ばした谷足が容易に動くかどうかを試す。
四、体重を徐々に谷足に移す。
五、体重を除きたる山足スキーを僅かに外方に傾け谷足スキーに引き寄せすべし然るときには両スキーは斜め上方に向かい直立する。
六、山足を僅かに側方に移し谷足に引きつけ直立の姿勢（水平曲線に平行にスキーを置く）に復す。
要領を正確に会得した後は次のように練習すべきである。
一、山足を曲げ、谷足スキーを内方に傾け雪面上を滑らしつつ後ろ外方にスキー後端を押し出す。
二、谷足に体重を移し、山足を引きつける。
三、直立の姿勢（方向を換え）に復す。

図に右に曲がるターンを示し、解説する。a点に於いては、山側が左に在り左側スキー内側の角を立て、そして左スキーに体重を掛け右スキー制止滑走の如く後端を開き、杖を左に突く。両足先を漸次右に回し、b点に到れば体を勢いよく前方に傾け両スキーは斜面上に平らにして体重を両方に等しく掛けスキーの先端を相接し後端を広く離し両膝を伸ばし踵を上くることなし、そして体を動揺することなく杖を左方に持ち換え漸次両足先を右に回しa点に到れば右のスキーに漸次体重を掛け両スキーは右方に回転して右側縁を持って雪面に角を附け制止滑走の形となる。此のとき既に山は右方に来る。そして体重を左スキーに移し新方向に滑走する。

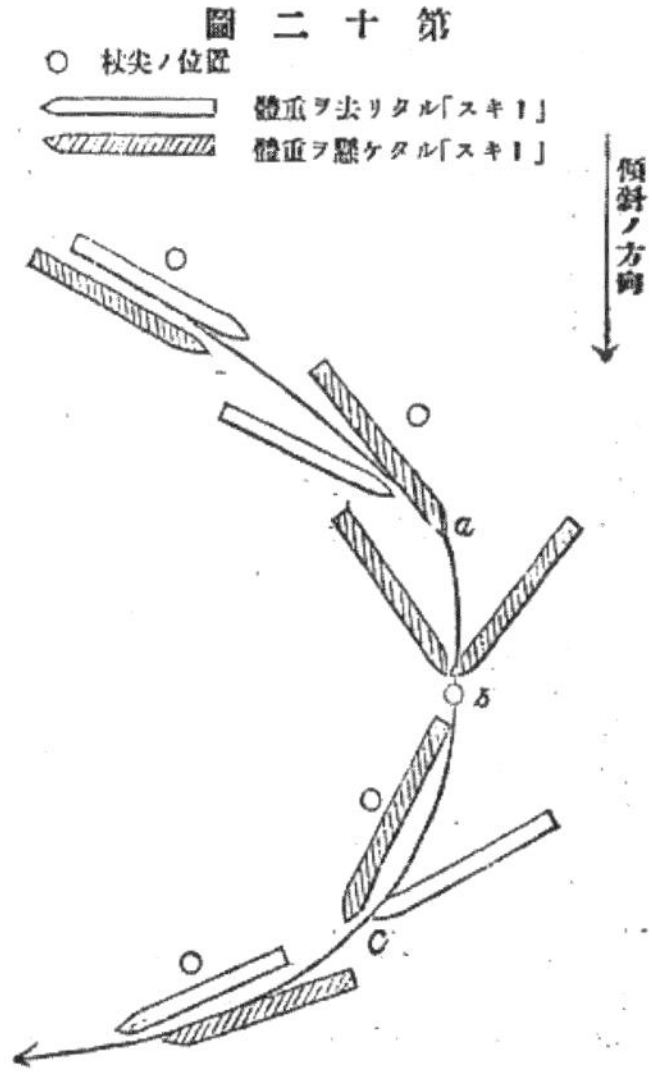

レルヒのスキー術、右へ曲がるターン

以上のように解説され、一本杖を突く位置をみると細切れに記しているので、b点ではかなりの低速でスキー回転をしなければ杖を突くことができないであろう。現在のスキーでは、バランス、タイミング、リズムをとるときにストックを使用するが、一本杖は身体を支えるためのストックと言うよりも杖だったようである。

ノルウェー式スキー術（テレマルク）

ノルウェー式テレマルク停止法では、滑走中停止するには一足（回ろうとする反対足）を他足スキーの先端に達するまで十分前方に進め、膝を屈して全体重を之に掛け後足を伸ばし、踵を起こす。次に前方スキーを内方に傾け腰を回る方に捻じり、上体をその方向に回すときは、前方スキーを直角に方向を換えこの時後方スキーを引きつけ停止する。

　このように解説され、現在に残るテレマークスキーの技術と同様に谷スキーが山足スキーよりやや前にでることが特徴である。これは、アルペンスキーと逆の足である。また、山側膝を完全に折り曲げてターンをするところに特徴がある。

ノルウェー式スキー術（クリスチャニア）

ノルウェー式クリスチャニア停止法では回る方側の足を他方よりも少々前方に出し、体重を等しく両スキー上に置きその方向に捻じりスキーを傾けるときは図の如く方向へ変換し停止する。

　この技術は現在のパラレルターンのスキー技術とほぼ一致し、両スキーの荷重が均等で両足を揃えてパラレル（スキーが並行）で停止している。ノルウェー式では二本杖を持つので現在のパラ

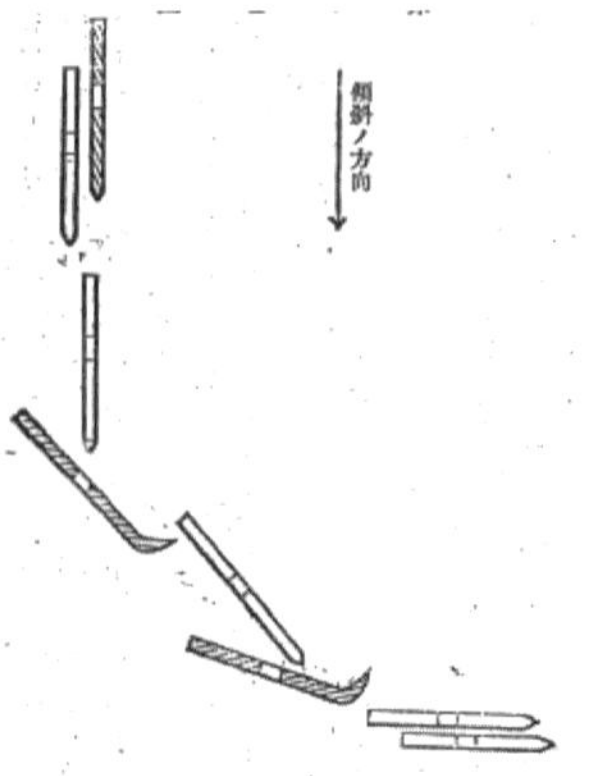

ノルウェー式スキーのテレマルク停止法

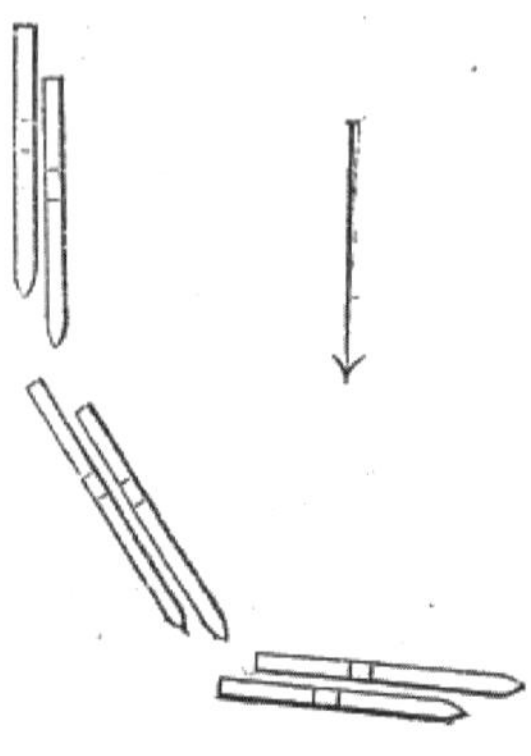
ノルウェー式スキーのクリスチャニア停止法

レルターンと驚くほど似通った動作になる。

ノルウェー式飛行（ジャンプ）

飛行の為に図のような演習場を整備するべきである。斜面は跳飛点の上部よりも下部に於いて急な斜面を要し、跳飛点の直上三ないし五メートルはほぼ水平にするべきで、跳飛点の雪を固め硬くし過ぎない。跳飛点及落達点は雪面を踏み固め、又跳飛点には標識を立てるべき。飛行には初学者は杖を用意する。

一、踏切姿勢

跳飛点に至るまでは普通の滑走姿勢を保ち、跳飛点に達するは両足を接着し膝及び腰を屈し上体を前方に傾け、通常の飛び越しの要領で両足先にて激しく踏切り、同時に上体を昂起し両臂を側方に上げる。

二、空中の姿勢

身体を僅かに前方に傾け両スキーは初め殆ど水平に保ち、落達前に至れば雪面とほぼ平行にする。

三、落達時の姿勢

上体を前方に傾け両足を十分に屈し雪面に落達するや否や一足前に出す。傾斜急なるか又は速力大なるに従い前方に出す。之か練習の為には初め傾斜の緩やかなる所を選び、漸次熟達するに従い二十～二十五度の斜面に於いてする。

『スキー術』では、コブを越える飛行の方法についても書かれている。現在のジャンプとは異なり、

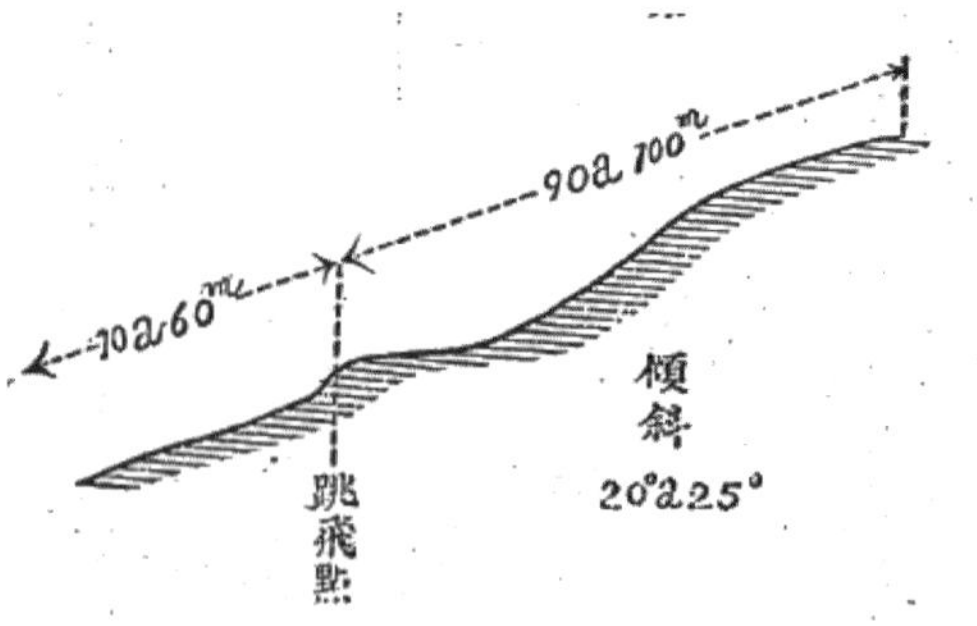

ノルウェー式スキーのクリスチャニア停止法

天然の地形を利用しコブを越える方法が伝えられているが、これがジャンプ技術の原点となるであろう。

以上のように『スキー術』は、スキー技術の解説のほか高連山地での訓練や冬山スキーの装備品などを詳細に書き、スキーの製造及保存、手入方法まで書かれている日本初めての優れたスキー技術書である。

「クリスチャニア」と「テレマーク」の用語は、元々ノルウェー地方の地名である。レルヒ少佐の『スキー術』ではノルウェー式クリスチャニア及びノルウェー式テレマークとして回転技術を説明し、オーストリア式スキー術の回転技術はツダルスキー氏考案のリリエンフェルド式スキー術がもとになり、日本ではアルペンスキー術と総称されていた。

明治四十五年レルヒの伝言

新潟高田に滞在していたレルヒ中佐（少佐より昇進）は旭川第七師団へ転任のため、明治四十五年一月二十四日午前八時の列車にて第十三師団長・長岡外史のほか多くの人々に見送られ高田を去った。旭川赴任前、在東京オーストリア公使館に滞在し学習院生徒にスキー術を教えたことが縁で一月三十日に学習院乃木希典院長に面会し院内を参観、翌日には東京華族会館にてレルヒの招待会が開催されている。数日間、東京に滞在したレルヒは二月六日午前十時二十四分に旭川に到着し、同年九月まで約七カ月間同地に滞在した。

明治四十五年七月十一日レルヒは赴任先の旭川を出発し樺太への旅行中に小樽を訪れた。フランス人宣教師二人と会話を楽しんでいた車中、午後三時七分に小樽駅に到着した列車に奥谷甚吉記者（小樽新聞）が乗り込み中佐と再会した。奥谷はレルヒが旭川でスキー術を指導した際に旭川支局に勤務しスキー講習会に参加している。同年四月に奥谷はレルヒと将校八名と共に羊蹄山にスキー登山後、小樽本社勤務となっていた。

レルヒはブロークンな日本語で「大変広い街ですね、スキーは壮快でしたか、明日の天気はどうですか」などと挨拶をかわした。小樽中央駅まで移動の間に、軍服から鳥の飾りのあるハンティング帽をかぶり派手なスコッチの背広服で奥谷の前に現れたレルヒはにこやかに笑っていた。滞在先の越中屋まで徒歩で案内途中「旭川と比べると賑やかで立派だねー」色内の通りを立派立派と余りにも褒めるので、「小樽の銀座です」と奥谷が言ったところ、大笑いして「面白いです」といった。しかし、「馬車はヨーロッパのものより悪いです。鉄道の踏切でなぜ高架鉄道にしないのですか」と尋ねていた。現在も色内町で旅館を営む越中屋では、ほうほうと笑みを浮べながら三階の洋室に入りヨーロッパの宿との装飾などの旅館比較論を講じていた。コーヒーを飲んで一息ついたところで散歩にでむき、「海岸の防波堤桟橋からの景色は大変に良い」と褒めていた。手宮の鉄道桟橋をさして「あれは何ですか？」と尋ね、公園の頂上まで歩き小樽港を眺めて水天宮山から手宮方面を金持ち、住吉方面を庶民の区域にあてはめていたが、妙見町から公園通りの閑静なところが気に入っていた様子であった。大通りを出て花園町の骨董屋によってから越中屋へ戻った。小樽のひと時を楽しんだあとの口癖は「宜しいです。大変」だった。

午後七時に越中屋の食堂で食卓を囲み団欒が始まった。レルヒは不公平に耐えられぬ日本旅館の外国人への暴利について苦言を呈した。「友達の日本人軍人と同じ部屋で同じものを食べて私は四円、友達は二円、私はなぜ四円払わなければならないのか」と問われ、奥谷はその言葉に恥を感じると同時に憤慨したが成すすべがなかった。高田に滞在中、日光旅行で同じ事件があった。「同じ部屋に寝て同じものを食べて、宿代が違うということは一体どうしたことだ。当然同じでなければならないはずだ」と宿屋の主人を呼びつけ詰問したら主人は頭のうしろに手をあてて、ぺこぺことやたらにお辞儀をしながら、「ヘイヘイ、それが宿屋組合の申し合わせなんでして、外国人の方は倍額という規定がございまして、ヘイ、どうも、それが…」「そんな馬鹿な」と、いくら抗議しても主人は「宿屋組合の…」と繰り返すばかり、結局旅行に同行した鶴見大尉が折半してケリをつけたことがあった。レルヒは、余暇があれば登山靴を履いて旅に出ており日本の慣習について事情通になっていた頃ではあったが、ことこの件に関しては不満がなかなか解消されなかったようである。

翌朝、その鶴見大尉が高田からはるばると中佐に会いに小樽へ来たのである。久しぶりの再会に大喜びしたレルヒは同氏とともに弘前丸に乗り樺太へと旅立った。最後にレルヒは「小樽にスキー倶楽部のできることを切に願う」というメッセージを残し小樽を去った。その二ヶ月後、奥谷と苫米地を理事に、渡辺校長が会長に就き、国松教授が理事長となり北海道で初めてのスキー倶楽部となる「小樽スキー倶楽部」が創設されスキー術が普及してゆく。初代小樽スキー倶楽部の活動は大正九年苫米地がヨーロッパへ留学するまで続けられた。

その後、レルヒは九月四日に旭川を離れ、六日に東京についたがその日のうちに高田へ向かった。九月十三日には明治天皇の大葬に参列し、九月二十一日に離京し、箱根京都見物を重ね、九月二十九日夜十時に欧州へ向けて出航した。

参考文献

Lilienfelder Skifahr-Technik. M.Zdarsky Hamburg 一八九六
スキー術　鶴見宜信　東京厚生堂　明治四十五年
小樽新聞　明治四十五年七月十三日
小樽新聞　昭和五年十二月十五日
スキーの誕生　中野理　金剛出版　昭和三十九年

第三節　大正六年日本ジャンプ競技発祥の地〈おたる緑ヶ丘〉

レルヒは明治四十四年高田に於いてノルウェー式飛行演習場を整備していた。飛行（ジャンプ）が伝えられ、ジャンプが広まるきっかけはあったのだが、競技への発展はほとんどみられなかった。一方、小樽高商近辺は北海道スキー術伝来以来、学生や庶民にとって競技や娯楽として最もスキーが盛んな地域となり、レルヒから受け継がれたスキー術がスキー産業の発展とともに小樽特有の進化をする。このような環境の中、木造シャンツェ建造の歴史が小樽緑ヶ丘から始まった。

第二代小樽高商校長になる伴房次郎教授は明治四十五年七月に赴任し、稲穂小学校三年生の息子素彦（明治三十八年一月生）のためにさっそく新潟高田から小学生用スキーを取り寄せた。伴素彦は小樽高商教官菅大尉から一本杖スキーを習った。その頃、スキー靴がなく編上靴やゴム長をスキーにつけて滑った。「雪がしみて足が冷たくなりこれには弱ったものである」と当時を振り返り述べている。自宅が小樽のスキー場の真下にあったので校長官舎からは緑ヶ丘スロープが良く見え、学生が飛ぶ姿を見た母親は「ジャンプだけは危ないからやめなさい」と何度も繰り返し言っていたが、素彦はその目をぬすんで飛び続けメキメキ上達していった。その後、彼が日本初参加の冬季オリンピック（スイスサンモリッツ）で日本人初めてのジャンプ選手になろうとは誰も想像していなかった。

大正6年仮設ジャンプ台での大矢の着地

大正六年厳冬、小樽中学大矢敏範（東北帝国大学農科大学、略称：農大、現：北大）らが造った仮設ジャンプ台がその緑ヶ丘（小樽市緑三丁目付近）にあった。仮設ジャンプ台は小さな木造の台で、小樽高商下、樽商裏手の急斜面に作られていたと推察される。大正五年十二月には地獄坂において農大スキー部の合宿が行われており、当時、地獄坂のある緑ヶ丘はスキーの合宿地として最適だった。
「ある時、遠藤吉三郎先生（農大教授）と私ら数人で大矢君の練習を見に行った。みんなでジャンプ台を造ろうということになって、先生も金づちを振って板を打付けてました。その時、大矢君の飛距離は実際に計測していないので、はっきりわからないがみんなで目測十八メートルと決めた。本当のところは十五、六mだったかもしれません」と当時農大学生だった木原均は語っている。その様子は遊びの中から生まれたジャンプのようであるが、ジャンプに挑戦した記録が「緑ヶ丘」から生まれている。

大矢の回顧によれば、少年期よりスキーに高い関心を持ち明治四十四年三月には外国の活動写真をみてスキーらしきものを自作した。翌年一月にはスキーの作り方を小樽の宣教師パレットより聞き二台目のスキーを作り樽中四年時（十七才）に山の上から滑降し、制動回転ができるようになっていたらしい。これはレルヒ中佐のスキー術伝来以前の事である。大正二年二月、彼は小樽スキー倶楽部が主催する練習会に出席し、直滑降、回転、ジャンプを習い、その後ジャンプを独学で行っていた。

尚、パレットは明治四十四年十二月龍徳町の笠原鉄工場にスキー製作を依頼している。注文を受けて笠原榮太郎は自社の工場で一台のスキーを作製した。これが小樽スキー製造第一号になる。おそらくスキーを注文通りに作ることは至難の業であっただろう。何らかの資料をもとにスキー製作に取り掛かったことだろうが当時の苦労は相当だったと思われる。スキーが納品されてパレットは小樽のどこの斜面で、どのようにスキーを試走したかは知られていない。

記録には残ってはいないが、周辺の小樽っ子たちがジャンプ台を見過ごしている筈がないだろう。

小樽の丘陵には子供達が作った自家製ジャンプ台は数知れずあった。小樽の少年にとってジャンプは小さい頃から雪遊びのひとつだった。遊び半分に飛んでいた少年や学生達が数多くいて、ジャンプ王国小樽と呼ばれるだけの自然環境がそこにあった。このような環境の中、当時小樽で暮らしているスキーヤーが日本の代表選手に育っていくことは当然だったのかもしれない。

昭和初期、小樽市奥沢町出身のジャンプ選手だった浅木文雄は「私が子供の頃には裏山が崖になっていて、子供達はそれぞれスコップで雪のジャンプ台を造り、それが何十と並んでいた。幼児用の数メートルのものから十五ｍ、二十ｍ級。日曜日などは朝から晩まで飛んでいました。玄関からスキーをはいて出られたし、冬の遊びといったらスキーしかなかった時代ですからね」という。

小樽のジャンプ台

大正期、小樽市として唯一のシャンツェが設置してあった緑ヶ丘では地主の理解が得られず、大正十四年シーズンを最後に取り壊されている。困り果てた小樽スキー倶楽部は、全市に募金を呼びかけ約二五〇〇円の資金を捻出して昭和二年十二月天狗山シャンツェを造った。アプローチの長さは七十六ｍ、やぐらの高さ十ｍ、ランディンググラウンドの長さは一三一ｍである。

昭和四年一月には北海商業学校（略称：北商、現：北照高校）には二十ｍ級程度の「北商練習シャンツェ」があった。ヘルセット中尉らコルテルード、スネルスルード両氏が模範ジャンプを行い（詳しくは後述）、数千人の観衆が押し寄せたこともあったり、この頃の練習台として少年や学生らにとっては便利で立地が良かった。

昭和五年十二月七日ジャンプコーチ秋野武夫が樽中校友会会長で酒造会社社長野口喜一郎より七〇〇円の金銭的援助を受けて、二十m級の「樽中シャンツェ」が小樽中学校の玄関前に完成された。野口喜一郎の次男正二郎（小樽高商へ進学）がジャンプをしていたことも幸いした。

その後、同氏の資金援助のもとで小樽スキー倶楽部は昭和六年（一九三一年）十一月奥沢町に三十m級の「小樽シャンツェ」を「樽中シャンツェ」裏側の斜面に造った。アプローチの長さ四十二m、ランディングの長さ九十七m、台の高さ二mで、飛躍距離は三十～三十五mであった。この「小樽シャンツェ」は「樽中シャンツェ」の頂上と背中合わせになっていた。

同年十二月にヘルセット中尉の指導のもとで小樽高等商業学校の構内に「高商シャンツェ」が建造される。同時に炊事宿泊できる合宿所が造られた。

昭和八年七月五十m級の「小樽記念シャンツェ」は、野口喜一郎が小樽潮見ケ丘の自分の敷地内に工費二万円を出して昭和八年七月に完成、竣工後は小樽市に寄贈した。

花園公園には十二m級・二十m級・三十m級シャンツェの三基が並んでおり、長靴メーカーの日東ゴムが建設費を負担したため日東シャンツェと呼ばれていた。第二次世界大戦前、小樽には、北商練習シャンツェ、天狗山シャンツェ、高商シャンツェ、樽中シャンツェ、小樽シャンツェ、小樽記念シャンツェそして日東シャンツェがあり、ジャンプ王国が築かれていった。

参考資料

スキー術　鶴見宜信　東京厚生堂　明治四十五年

小樽新聞　明治四十五年三月七日
小樽新聞　大正六年一月三〜十二日
緑丘新聞　大正十四年十二月十七日
北海道新聞　昭和五十四年一月十日、二十六日
北海道新聞　昭和五十四年二月
スキーのふるさとおたる　高橋純　大日本印刷　昭和五十五年二月一日
日本スキー・もうひとつの源流　中浦皓至　北海道大学図書刊行会 平成十一年
日本における飛躍台（シャンツェ）の発祥史について　中浦皓至　北大大学院教育学研究科紀要八十五　一一一六　平成十九年

第四節　大正十年小林多喜二　小説「スキー」

大正九年小樽の人口は十万八千人、全国十三番目の都市として札幌の人口を凌いでいた時代、〃北のウォール街〃とも呼ばれた小樽には商社や日本銀行をはじめ三井物産、三井銀行、三菱銀行が立ち並び、小樽は北海道経済の中心的役割を担っていた。海と坂の町は経済的活気に満ち溢れ、小樽高商では小林多喜二や伊藤整の文学に加えてスキー文化が育まれていった。

スキー術伝来から僅か十年余りで、厳しい寒さや雪に閉ざされる小樽市民にとっての最大の娯楽はスキーとなった。各種会社が社員用スキーを保有し、出勤前にひと滑りしてから通勤し、退社後は月明かりでスキー練習する姿も見られた。学校教育にもスキー授業が採用され市内の小学校から高等専門学校までスキーが普及していった。

この頃、小林多喜二は小樽で育ち樽商を卒業、大正十年四月小樽高商に入学した。多喜二が書いた「老いた体操教師」と「スキー」は、ほぼ同時期に書かれたデビュー作にあたり、小説家小林多喜二が十八歳で誕生することになる。

国民新聞に掲載された小説「スキー」では、スキー指導に苦労する老教師と生徒との人間性溢れる豊かな感性がユーモラスに描写されている。モデルとされる教師は樽商に実在した退役軍人の教師である。当時の体育の授業は体操や武道が中心だった。老教師にとって学校体育にスキーが導入されるようになったばかりで慣れないスキーに苦労が多かったのだろう。多喜二にとってスキー授業は余裕さえ感じられ、優越的な立場から教師を見下す気持ちと労りの心情が描写され、スキー授業を通した人間同士の触れ合いをありのままに伝えている。

多喜二が若者の心に響く印象を伝えた小説「スキー」に代表されるように、小樽では庶民にスキーが浸透し、文学とスキー文化が誕生していく。

多喜二が小樽高商へ入学したころ校舎の回りは畑と草ボウボウの原野だった。冬、校舎前は静けさとともに白銀のスロープへと一変した。山の麓に現代のペンションを想わせるようにひっそりと建つ

学生のスキー・上部に小樽高商

大きな木造の校舎から、港へ向かって広がるスキー練習コースは通称「緑ヶ丘スロープ」とも「高商前スロープ」とも呼ばれ庁商の生徒や多くの市民に親しまれるようになっていた。小樽高商には四つの寮それぞれにスキー部があり、多くの学生がスキーを楽しんだ。全校生徒のスキー授業は必修化されており、経費がかさむ為に入学金とともに用具代を徴収した時代もあった。校内スキー大会や寮対抗のスキー大会が毎年開催されており、学校挙げてスキー振興に取り組み、地獄坂一帯は最も盛んなスキースロープとなっていた。

多喜二が小説「スキー」を発表した一年半後、第一回全日本スキー選手権大会が小樽緑ヶ丘にて開催された。

参考資料

国民新聞　大正十年十月三十日

北海道新聞　平成二十二年四月二十一日、四月二十七日

第Ⅱ章　日本におけるスキー競技の始まりと小樽

第一節　大正十二年「第一回全日本スキー選手権大会」〈おたる緑ヶ丘〉

苫米地が小樽へスキー術を伝えてから十一年後、大正十二年二月十日に日本スキー史に残る第一回全日本スキー選手権が小樽高商を眼下に望む小樽緑ヶ丘（現在の緑三丁目の住宅地）にて開催された。この大会はオリンピック派遣選手選考会も兼ねる名誉ある最も古い公式スキー大会である。

大会を主催したのは大日本体育協会（現日本体育協会）であるが、大会運営は小樽スキー倶楽部にすべて任されていた。一度解散していた小樽スキー倶楽部は、実業界を中心に高商スキー部学生高橋次郎・讃岐梅二と小樽から北大へ通学するスキー部学生南波初太郎・青木三郎が四人組となって団結奔走し、梅屋運動具店（現：うめやスポーツ）村住美喜三、北海道炭鉱汽船黒崎三市らによって大正十年九月二十五日に再創立された。会長には小樽高商第二代校長伴房次郎が就任し、理事長には黒崎が就いた。

小樽スキー倶楽部は主催者へ綿密な働きかけをして大会誘致に成功し着々と準備をしていった。過去にも当地で大きなスキー大会を開催した経験のある小樽スキー倶楽部の実績や組織、地域性などは高く評価されていただろう。初めて開催される名誉ある大会ゆえに運営や競技規則制定などの業務量は莫大だったはずである。実際に大会を運営した倶楽部関係者の計り知れない努力と苦労は大きく評価されて然るべきだろうし、日本スキーの発達に果たした役割は大きい。小樽へのスキー術伝来から十一年余りでの全国大会開催に至った経緯を考えると、小樽の人々がスキーの普及振興に貢献し、日本の中で最もその勢いを増して発展した舞台となっていたのが、小樽市緑三丁目のスロープだった。スキーの大衆化に合わせるように「スキーの競技化」は、その後から今日に至るまでスキー用具と技術の発展を加速させ、開発競争にしのぎを削る時代の先駆けとなった。

第1回 全日本スキー選手権大会に優勝した北海道選手団、優勝盃レプリカを持つ北海道選手団主将・讃岐梅二（高商3年）

全日本スキー選手権会場・緑ヶ丘スロープの現在（平成19年12月）樽商高校内より撮影。手前側が会場となった。

当時の全日本スキー選手権会場・緑ヶ丘スロープ（大正12年2月）中央にジャンプ台がある場所は現在住宅が並ぶ

全日本スキー選手権大会第一日目、北海道チームの監督には三菱美唄スキー部の白鳥恒雄（小樽高商スキー部創設者の一人）が就任し、チームの主将には讃岐梅二（小樽高商）が選ばれ記念すべき大会が幕を開けた。各地区予選を通過した強豪が揃う距離競技一kmにおいては上野秀麿（樽中）が見事優勝し、地の利がある小樽勢の活躍が目立っていた。

地獄坂を滑降りる距離競走

ストック不使用で滑っていたテレマーク・スラローム

同日アルペン種目のクリスチャニアスラロームとテレマークスラロームが行われた。第一回大会ではアルペン種目としてこの二つの競技が行われ、斜面に立てられた旗門の間を滑り速さを競った。現在の種目でいえば回転競技に相当し、アルペン種目の創始になる。北海道予選会で優勝した小樽高商三年の船津皐二は、クリスチャニアスラロームにおいて二十三秒四／五の最速タイムで順当に優勝を飾った。

大会二日目最終日、ジャンプ競技が行われた。大勢の観客が会場を埋めつくして応援する姿がみられ住民の関心の高さが窺える。競技の様子を小樽新聞は以下のように伝えている。「愈々精華ジャンプへとプログラムが始まり待ち構えていた観衆はどよめき出す。花形選手讃岐君は白キャップに赤シャツで、まずは鮮やかなファームを見せて絶賛の的となる。十六米十を飛行して驚嘆せしめる」。ジャンプ競技は当時から観衆を魅了する人気競技であったことを思わせる。優勝者は、最長不倒距離をだした讃岐梅二、北海道予選優勝に続き堂々たる活躍だった。当時の写真をみると直立のままジャンプ台から落ちているようにみえるが、記録映像ではジャンプ台の踏切では立ったまま滑走し腰を落としてジャンプをする者、立った姿勢から膝屈伸をしてジャンプする姿などが見られ、基本となるジャンプ

優勝した讃岐のジャンプ（飛距離:16.1m）

上からみたジャンプ台

技術はほとんど確立されていなかった。着地の際には大転倒が続出し、鼻血を出す選手もいると紙面で伝えられている。しゃがんだクローチング姿勢から飛び出す選手は皆無で、当時の技術ではゲレンデにある大きなコブを飛び超える程度だったのかもしれない。

同日行われたクロスカントリスキーリレー競走においては樽商チームが優勝し北海道は見事に団体優勝をさらった。閉会式では小樽高商三年讃岐が北海道選手団主将として朝香宮盃を授与され記念すべき第一回大会は幕を閉じた。翌年第二回大会は日本スキー発祥の地である新潟県高田で開催されることになり、第一回大会が開催された小樽地獄坂は日本スキー史にその礎を築いた。

大会当時の映像では会場へ特設電話線が敷かれ、仮設テントには役員・軍部関係者が多数みられる。また、埋め尽くされるほど多くの観客が応援している姿が映し出されている。華族を招き朝香宮盃を冠にしたこの選手権では、多額の資金を投じ準備に時間をかけた様子がわかる。

距離リレー競走

波乱の第一回北海道予選大会

第一回全日本選手権大会は樺太、北海道、東北、信越、関東、関西の六地域対抗というかたちで行われた。北海道予選会は二月三・四日に開催されることになり前年の十二月初旬、主催小樽スキー倶楽部、後援小樽高商スキー部及び北大スキー部の三者連名の案内状が道内の学校、団体へ発送され、参加人数は三二八人にのぼった。

小樽開催に先立ち後援団体の北大スキー部からジャンプ台は固定台にするという条件が付けられた。ところが、緑ヶ丘に固定台を造ろうとしたが地主が許可しない。一時的なものなら良いが、後まで残るものは駄目であるという。これには小樽スキー倶楽部も困り果て北大側へ事情を説明して了解を求めた。北大は丁度琴似へ固定台を造ったばかりで、ジャンプだけは琴似でやろうという。小樽としては、ジャンプだけ場所が違っては大会運営上何かと不便だ、第一スキーの華、ジャンプを他に持っていかれたのでは小樽の面目丸つぶれで市民に顔向けできない、緑ヶ丘のジャンプ台も北大遠藤先生の助言のもとに造っているのだから何とか了解してもらいたい、といった事情説明のうえ理解をもとめ、表面上は了承を得たかたちになっていた。

一日目午前九時、雪に見舞われた中で伴会長による開会の辞があり予選大会が始まった。一km競争ののち、四km競争で樽商選手がストックを紛失したまま一着でゴールイン。当時の規則で杖を体から離し紛失した場合、競技続行を認めないとある。これを一着としても認めるのはおかしいと北大側は審判にせまる。審判としては、一度発表したものを変えられないので騒ぎが始まった。この四km競争では一位も二位も樽商選手で、北大選手は六位以内に一人も入っていない。優勝選手を失格にしても北大が有利になるわけではない。

この件については小樽スキー倶楽部が日本体育協会の立会いで決定するまで一応保留にするということで競技を続行するよう提案し了承された。

二日目、朝から空はからりと晴れ上がった。日曜日で快晴ともあって市民はどっと繰り出した。この日はジャンプとリレー種目だった。港町だから気風も荒い。市民の熱狂的な応援があったリレーでも樽商選手がトップでゴール。百メートル遅れて北大選手、続いて歩兵第二十五連隊の選手が入った。

この日最後のジャンプでまたトラブルがあった。ジャンプする順番は抽選で決める。当時はどこからスタートしても良かったので後ろから飛ぶ方が有利である(しかし転倒の危険性がある)。すなわち、前の選手の飛距離がわかるからスタート地点を高くしてスピードをつければ良い。前評判では小樽高商讃岐梅二か北大南波初太郎がトップを争うだろうとされていた。抽選の結果、南波が先で、讃岐が後と決まった。ところが、記録員がミスをして南波をコールしなかったのか、それとも南波がコールを聞きそこなったのか不明だが、讃岐が先に飛んで南波が後から飛んだ。南波はコールされなかったから最後に飛んだと言う。成績は讃岐が一位で最後に飛んだ南波が二位、以下六位まで北大が占めたが、抽選どおり飛ばなかった南波が問題になった。審判員がコールしなかったのなら主催者のミスだし、コールを聞きそこなったら南波がルール違反になる。これでまた審判と北大側が紛糾してしまった。結果、発表

地獄坂を滑り下りる距離競走選手と小樽高商北斗寮(左上)

された新聞報道では南波は二位で順位の変更はなかったが、北大勢の心情は納まらなかった。

ついに険悪な雰囲気の中、小樽高商と樽商が本大会への出場辞退を申し出た。両校が何故出場辞退を申し出たのか真相不明であるが、クレームのついた種目で両校から優勝者がでている。大会開催地の緑ヶ丘が地元である両校には大会関係者が多く運営にも携わり、手際の悪さにケリを付けたかったのかどうか定かではないが、今回の件では小樽高商校長と小樽スキー倶楽部会長を兼ねる伴房次郎が、責任をとるつもりだったのだろう。

予選会は終了したが北大側の成績は振るわず、一週間後には本大会が待っている。日本で初めての公式大会はノルウェーのホルメンコーレン大会の規定をモデルにして、大日本体育協会スキー部委員の稲田昌植（北大出身）がその規定作りの中心にいる。北大としては大会を後援しOBがスキー政策をリードしているという自負がある。一方、大会誘致に尽力し開催にこぎつけた小樽スキー倶楽部は、大会運営主管を担い運営のすべてを任されているという責任を負っている。

外部に秘して各方面から両校に対し出場辞退撤回が説得された。しかし、二月九日北海タイムスに小樽高商、樽商出場辞退の記事が大きく載せられた。また、北大スキー部側は了承したものの固定ジャンプ台を造らなかったこと、四㎞競争でストックを紛失した選手を入賞させたことをあげ、これでは後援をした立場として責任を負い切れない旨が公表された。ちなみに、ジャンプで二位になった南波の問題には一切触れられていない。そして、北大スキー部は本大会への出場を棄権することを小樽スキー倶楽部へ通告している。

本大会開催地で北海道勢の中心選手のいる小樽高商も樽商も北大も出場しないのでは、大会開催もおぼつかない。各方面からの説得で地元の小樽高商、樽商は出場辞退を撤回したものの北大は棄権のまま本大会の幕をあけた。

歴史に残る初大会を運営することの労力気力は並大抵のことではない。

第二代校長伴房次郎

参考資料

小樽新聞　大正十二年二月四日・五日
小樽新聞　大正十二年二月十二日、十三日
北海タイムス　大正十二年二月九日
スキー競技法　西澤勝次著　ヘルメス社　大正十四年
北海道新聞　昭和五十四年一月二十三日
スキーのふるさとおたる　高橋純
大日本印刷　昭和五十五年二月一日
小樽市博物館所蔵　ＤＶＤ

第二節　昭和三年秩父宮殿下と大倉山シャンツェを設計したヘルセット中尉の訪問

日本は昭和三年（一九二八年）までに五回の全日本スキー選手権大会を開催し、一度も外国の国際大会に選手を派遣したこともなく、コーチを招いたこともなかったが、この年初めてサンモリッツ冬季オリンピックへスキー選手を派遣し、海外にも目が向けられるようになってきた。

第二回冬季オリンピックにジャンプ選手として参加した小樽高商校長伴房次郎の長男素彦（全日本スキー連盟元会長）は後年「大会へはほんとうのところ、参加するためであり、外国の技術を見、かつ覚えて帰る事であった」と述べている。オリンピックが終わると、素彦らはノルウェーに行ってホルメンコーレン大会へ参加かたがた、日本人として初めてコーチについて訓練を受けた。この遠征で走り方も飛び方も初歩的ながら体得し、技術とともに競技用のスキー、金具、ワックステクニックを日本に持ち帰った。

しかしながら、「持ち帰った技術をいかに後輩に伝えるか、自分で飛んで見せるにはあまりに未熟で困ってしまった。ところが幸いなことに、翌年、ノルウェーからヘルセット中尉らが来日し世界一がいかに飛ぶかを、その目で見せることができた」と述べている。

ヘルセット中尉の日本招聘には秩父宮殿下が関係していた。秩父宮殿下は札幌・小樽を訪問し、幻となった札幌オリンピック開催誘致（昭和十五年）にも関わっていたのである。

昭和三年三月一日午前八時二十分秩父宮殿下は小樽高商を訪れている。伴校長が校内の教室や商品実験室を案内した後、殿下は苫米地らと校舎前からスキーを履き日本公式スキー競技発祥の地〝緑ヶ丘“においてスキーを楽しまれた。そのまま殿下は天狗山シャンツェに向い、小樽高商青木英二・飯田三郎・勝美改のジャンプを視察された。

札幌では手稲山にスキー登山し、「札幌は山が近いし、雪質もいい、将来、日本で冬季オリンピックを開くとすれば、札幌が最適地だ。それには大シャンツェと洋風ホテルが必要だ」と述べられた。

昭和三年二月日米協会夕食会が丸ノ内東京会館で開かれ、話題がスキーや冬山の事になり、秩父宮殿下が大倉男爵へ「あなたなどに、ノルウェーの選手を呼んでいただければ日本のスキー競技も強くなります」と笑いながら語られた。殿下念願の言葉に心を動かされた男爵はノルウェー領事館に斡旋を依頼した。

秩父宮殿下、図書館付近通過の際

小樽高商玄関前からスキー滑走する秩父宮殿下

昭和三年十一月京都御所で天皇即位式が行われ、その時にも殿下は「北欧の有力者や選手を招いて、北欧のジャンプ台を日本に造りたい」と大倉男爵に述べられたといわれている。

このような経緯で、殿下の影響があってとんとん拍子に話が決まり世界的ジャンパーとして知られるノルウェーのオーラフ・ヘルセット中尉と、サンモリッツ大会で活躍した複合スキー選手であるヨオン・スネルスルードとオウレ・コルテルードの三人が昭和三年大晦日に来日した。

三人は日本におよそ五十日間にわたって滞在し、一月四日札幌に到着、一月十一日には小樽天狗山シャンツェをみて十五日〜十七日の間は小樽に滞在し、小樽高商生や中学校のスキー部を指導した。

小樽での初日、ヘルセット中尉らは一月十五日午後一時四十分北商練習シャンツェに到着し、スネルスルード、コルテルード両氏が模範ジャンプを二回行った。この日は樽中生および北商生一五〇〇名の見学者のほか一般観衆が来ていた。時折吹雪く中、観衆は両氏の見事なフォームにただ驚嘆の目を見張るのみであった。二十m級程度の練習シャンツェで学生を二回飛ばして、種々欠点を指摘した。麻生通訳をはさんで小樽での三日間はヘルセットが理論を担当し、あとの二人が実技をみせ、天狗山山麓の落葉松の林を縫って疾走する二人のスキー妙技に皆驚くばかりであった。

十六日午前ヘルセット中尉一行は天狗山山麓において吹雪の中、小樽高商、北商、樽商学生二〇〇〇名の見学の元に距離競技の走法について親切にコーチした後、末武牧場で午後の休息をとった。

午後北商練習シャンツェにてジャンプの講習に移った。コルテルード一回、スネルスルード二回飛躍後、学生ジャンパーには三、四回飛んでもらいヘルセット中尉がコーチングと同時に採点をした。スネルスルード十八点、勝見改(小樽高商スキー部学生)に十六点、秋野武夫十四点そのほか十四、五点

ヨオン・スネルスルード氏

から零点まで得点をつけ、踏切が不十分、スネルスルードが示した型をとるよう熱心に注意し、種々の欠点を指摘していた。選手たちが踏切の瞬間にあげる気勢（掛け声）が不快であると言い、ヘルセット中尉はコーチした学生をみて、「小樽のジャンパーは優れた素質を持っている。将来日本を代表する選手が出る」と述べていたという。

一月十七日に三人は小樽高商に来校した。ヘルセット中尉及びスネルスルード、コルテルード両氏は伴校長や本校スキー選手と午餐を共にした後、午後一時に講堂において全校生徒の歓迎を受け、ヘルセット中尉が麻生通訳をはさみ二十分にわたり講義をした。夏のトレーニング及びワックステクニックについて有益な講演を聞き、また世界的選手の実地経験談を耳にして、全校生徒一同は感激に充ちていた。また、同氏らは高商シャンツェ建造のため候補地選定や設計などに協力し、付近一帯でスキーをしている。

一月十三・十四日札幌ではちょうどインカレがあって学生選手らが三角山のふもとに集まっていたので、滑降、ジャンプの技術を教えてもらった。一行はそのあと小樽、函館、札幌、旭川、稚内とコーチのかたわらシャンツェの適地を探して歩いた。稚内に出かける前に札幌三角山一帯を踏査して、発寒の小別沢の谷側に良い場所をみつけ、戻ってみると立派な台ができていて、ヘルセット中尉の称賛を受けた。新聞に試験飛行の記事が出て、二月三日その日は大変な人出だった。

ところが不運にも、あいにく横なぐりの強風で、学生ジャンパーたちはあおられ流され、着地面の外に転倒した。足にけがをする人も出た。それでもさすがスネルスルードは、流された時、空中で姿勢を立て直し、見事に斜面に着地したと新聞に大きく報じられた。しかし、こう風の強い所はジャンプには不向きだろうと、そこの場所は不採用になった。

ヘルセット中尉一行は、そのあとも一生懸命、探して歩き、ついに荒井山の裏側、現在の大倉山シャンツェのある斜面を発見し、シャンツェを設計することになった。

ヘルセット中尉はジャンプの指導では、サッツ（踏切）方法や姿勢についてやかましくいっていたが、それよりスキースポーツの真の目的は二、三人の優秀な技術者を育てるだけではなく、むしろ数千万人の人がスキーの喜びを知り、心身の健康に役立てることだと力説した。

ヘルセット中尉一行は大鰐、野沢温泉、志賀高原などの各地を視察、ジャンプの指導と野沢温泉シャンツェの改造などをした

小樽高商に来校したヘルセット中尉一行の記事

野沢でのヘルセット中尉

ことでも知られている。

それまでは、選手が外国の写真などで見事な前傾姿勢を見て、何かまねようと思っても、なかなかできなかった。それがどうであろう。翌シーズン、北海道や東北の中学生や小学上級生たちが、どんどん前傾したジャンプをともかくやってのけるのであった。まことに「百聞は一見にしかず」、少年たちが二人のノルウェー選手の一流ジャンプを目のあたりに見て学んだ結果であると評された。

当時としてはスキーとは関係のなかった大倉男爵がノルウェーからスキー選手を招待し、ジャンプ台を作り完成後に寄附することは考えられなかった。男爵の好意でシャンツェは昭和五年に完成。札幌市としても同氏の篤志を記念する意味で当時の橋本市長が「大倉山シャンツェ」と命名した。

また、秩父宮殿下が日本各地のシャンツェ建造を促したことや、幻となった札幌オリンピック誘致に尽力したことなど、スキー振興に対するこれまでの功績を記念し、札幌市では昭和五年から「宮様スキー大会」を毎年開催するようになった。

参考資料

小樽新聞　昭和四年一月十六、十七、十八日
緑丘新聞　昭和四年二月一日
アールベルグスキー術　高橋次郎　博文館　昭和四年
冬季オリンピックと競技スキー　現代スキー全集・第四巻　実業之日本社　昭和四十六年
北海道新聞　昭和五十一年一月七日

北海道新聞　昭和五十四年一月十二日
小樽新聞小樽版　昭和五十五年二月二十七日

第三節　昭和五年映画「スキーの驚異」主演シュナイダー氏のスキー講習

昭和に入り小樽でのスキーに大衆化の波が押し寄せてきた。スキー術は近代スキーへと技術革新を遂げていた。一九二四年世界ではスキー技術のバイブルとなる『アールベルグスキー術』がプロスキーヤーのハンネス・シュナイダーによって出版され、同時に主演映画「スキーの驚異」によってオーストリアのスキー技術が世界へ紹介された。同書は小樽高商で経済地理学の教鞭をとっていた高橋次郎教授（小樽高商スキー部ＯＢ）が紹介し、シュナイダー（四十才）の訪日に合わせ新聞各社が大々的に宣伝した。

ハンネス・シュナイダー

両国国旗を振りかざし小樽駅に出迎えたファンの前に立つシュナイダーの姿は、彼が当時の人気スポーツ選手だったことを思わせる。スキーの理論家であるとともに超人的なスキーを演じるスキー映画の主役として同氏の知名度は日増しに高まり、そのスキー術が披露される小樽はスキーのメッカと云われるに相応しいスキーの町に成長していた。

小樽松竹座においてスキー映画「スキーの驚異」が午後一時と六時の二度にわたり上映され、同時に講演会が開催された。生身の人間がスキーを履いて雪の上を素早く回転移動し、数十メートルをジャンプする姿は、当時の人々や選手の心に強い印象を与えた。

新潟高田でレルヒのスキー術を学んだ苫米地教授（第三代校長）を司会にした夜の講演会では八〇〇名を超える記録的な入場者があった。昭和初期、冬の娯楽が少なかった時代にスキーが庶民のスポーツとして定着してきたことを窺わせる。尚、映画「スキーの驚異」は大正十一年細川護立侯爵（熊本旧藩主細川家十六代当主）が輸入し保管していたものである。

昭和五年四月一日 小樽新聞

三月三十日午後三時頃に自動車で松竹座より本学へ移動したシュナイダーのスキー講習会は図書館裏山（現在の樽商大一号館近辺）で行われた。滑走中のホッケ姿勢（しゃがむ姿勢）・ジャンプターン・シュテムボーゲン・クリスチャニアなどスキー術を披露し、「日本人のスキーは中々うまい、しかし技術は巧みだが大きなうまさがない。ジャンプターンは鮮やかでボーゲンの術はうまさがある」と総評している。同氏は「スキースポーツの目的は、日々の仕事の疲労や苦悩を回復させ、尚それ以上に身体を強壮にし、抗力（免疫）を増し人々を若返らせるものであります」と伝えた。技術指導だけではなく、スキーを通じてスポーツが担う健康への効用を的確に教授していたことが印象的である。その後、校内へ戻り同行している坂部通訳を交えて伴校長、苫米地教授・高橋教授との間でスキー談義に花が咲いた。

シュナイダーは玉川・成城学園長小原國芳に招聘され、東京市神宮外苑の青年会館及び日比谷公会堂での映画上映講演会を皮切りに、日本に到着してから三・四日は日夜、講演会とラジオ放送の繰り返しを余儀なくされるほどの多忙を極めていた。飛行会館での玉川・成城学園主催の歓迎会は午前〇時まで続き、招待された五十名の人々の中に高橋教授も来賓として列席した。同教授は長野県でのスキー講習会へも同行しシュナイダーと親交を深め、氏の北海道訪問に一役かっていた。

一八九〇年オーストリアのシュトゥベン（Stuben）に生まれ、一八九八年にスキーを始めたハンネス・シュナイダーは、海抜一三〇四mのチロル・アールベルグ地方にあるサンアントン（St.Anton）という小さな町において職業スキー教師をしていた。スキー指導者としても競技選手としても成功し、世界各国から人々がスキーを学びに彼のもとへ訪れるほどであった。同氏は日本へスキー術を伝えた日本スキーの父として知られるレルヒ少佐とともに近代スキーを発展させた人物として日本スキー史にその名を留め、地元オーストリア・チロルのハンネス・シュナイダースキー博物館、そして長野県野沢温泉村・日本スキー博物館において人物業績が詳しく紹介されている。

伴校長とシュナイダー

当時のスキー術は山スキーが中心で、山岳アルペンスキーのオーストリア式か、傾斜地を走る距離スキーとジャンプを組み合わせたノルウェー式のどちらが優れているのかが議論の的となっていた。前述したように昭和四年一月にはノルウェーから世界的ジャンパーとして知られるオーラフ・ヘルセット中尉一行を小樽高商に迎えている。同校はノルディックとアルペンスキーで日本スキー界の発展に貢献したヘルセット、シュナイダー両氏を迎え、同校関係者がスキー術発展のため組織的に尽力していた。その甲斐あってその後、高商図書館裏にジャンプ台が設置され、スキーの花形ジャンプ種目で小樽商科大学の歴史を通じ二人の冬季オリンピック選手が誕生することになった。

参考資料

アールベルグスキー術　高橋次郎　博文館　昭和四年
小樽新聞　昭和五年三月三十一日、四月一日
東京朝日新聞　昭和五年三月
緑丘　復刻版〈小樽商科大学新聞〉ｐ一一一、ｐ一六一　昭和五年
日本のスキー術　高橋次郎　弘明堂書店　昭和十年

左から通訳坂部氏・シュナイダー氏・高橋教授

第四節　昭和六年小樽高商シャンツェ建造とヘルセット中尉

第二代校長伴房次郎は、昭和四年大倉山シャンツェを設計することになるヘルセット中尉を小樽高商に招いた。その際には、小樽高商にシャンツェ建造構想を巡らせており候補地の選定を同氏に依頼していた。同行した岡田三郎（小樽高商スキー部員）らが中尉らの案内役となり、小樽高商西北側の山稜からグランドより稲荷山に通じる丘陵を検分して貰った。ヘルセット中尉らは「適地はあるが建設費を多額に要する」との意見を述べ、三十二度位の傾斜地を有する図書館裏の斜面をシャンツェ建造の候補地とした。同氏は最初大がかりに造る事には反対し、雪で作っても充分であるからとして濫費を防ぐことを注意し同校生徒の労力奉仕によって生徒自身が建造するべきであると強く述べた。まずは雪を盛った練習用シャンツェを作り、これをもとにスキー部先輩達がシャンツェの設計図案を作成し、それをヘルセットにみてもらうことにした。その結果により一両年中に固定式シャンツェに改造することにした。

高商シャンツェは高さ三十二m、アプローチ五十m、幅四～五m、最大傾斜二十度、着地斜面ランディングバーンは幅七～十五m、傾斜三十二度、長さ四十m、圏外幅二十m、長さ一一〇m（校庭に入ってさらに一〇〇m）で、同校スキー部OB岡田三郎が設計及び工事監督指導の任務に当った。特色は練習を便利にするため、木造やぐらの中央部に選手の合宿所を作ったことである。合宿所の構造は約三十畳敷きの室内に十人分の寝台、炊事場、スキー置き場、それ以外に四坪の事務所を設備した。

工事については岡田の尽力のほかに、同校生徒有志の土盛労力奉仕、スキー製作家横内熊次郎の献

木造のアプローチ、やぐら中央に合宿所（写真1）

身的努力があり材料購入の苦心や、物質的支援などの努力の結晶とされている。このような奉仕により、工事費用は学校校友会から支出された八百円に過ぎなかった。

昭和六年十二月十三日正午にシャンツェ竣工式が厳粛に執り行われ、伴校長の式辞に続き来賓から祝辞が述べられた。苫米地からはシャンツェの利用について説明があり、その後高商生徒代表である四ッ谷勇他、招待選手十名によるジャンプ試技が行われた。木造のアプローチを滑走する選手と、スタートゲートに待機している選手が映っている（写真1）。ゲートまでは、簡単なハシゴを階段の代わりに登っていたのだろう。大型の校内シャンツェは全国初だった。

校内から写した写真（写真2）では敷地左の裏山にひと際目立つ大きなジャンプ台が写っており、現在の一号館付近に設置さ

構内にあった高商シャンツェ(写真2)

れていたと思われる。ジャンプ台写真のやぐら中央には学外者が自由に使用できるヒュッテ（合宿所）が写っている。昭和十一年卒業アルバムではスタートゲートが二つある様子が写っており(写真2)、飛距離を調整するための修繕や改良が施されていたようだ。

ジャンプ台が設置された翌シーズン、四ツ谷は全日本学生スキー大会（インカレ）で純ジャンプが二位、複合四位となりスイスで開催される第十回万国学生スキー大会（現：ユニバーシアード）の日本代表に選ばれる。この時選手として初めて国際大会へ派遣されることになった学生は七名、そのうち小樽出身者は四名で、距離の木越定彦(明大)、ジャンプの栗山巍（早大）、四ッ谷（小樽高商）、伊黒正次（北大）であった。

　ヨーロッパへの出発に先立ち十一月十二日には小樽高商同窓会東京支部主催の壮行会が盛大に開催され、翌日「つばめ」にて出発し、横浜・名古屋・大阪・神戸の各駅通過の際にはそれぞれ支部同窓会会員がホームで万歳三唱し、横浜駅では伴素彦も見送りにかけつけていた。学生代表として小樽高商から初めて国際大会へ派遣される名誉な出来事だったからである。同窓生からの大きな期待とともに募金にも恵まれ多くの資金が蓄えられた。選手達は昭和八年十一月十四日に神戸を出航し、ヨーロッパまでは移動に数カ月を要した。

　選手達は各地で練習を積みドイツ選手権などに出場する機会にも恵まれたが、昭和九年二月の本大会では四ッ谷は純ジャンプ・複合共に一回目のジャンプに失敗し不本意な結果に終わった。しかし、国際大会団体戦のクロスカントリースキー種目リレーではアンカーだった四ッ谷がトップで走りきり、国際大会で堂々三位の成績を残した。

　戦後、高商シャンツェは壊され、それ以来再建されることはなかったが、高商から誕生する初のオリンピック選手を輩出する施設になった。

参考資料
小樽新聞　昭和四年三月二十四日

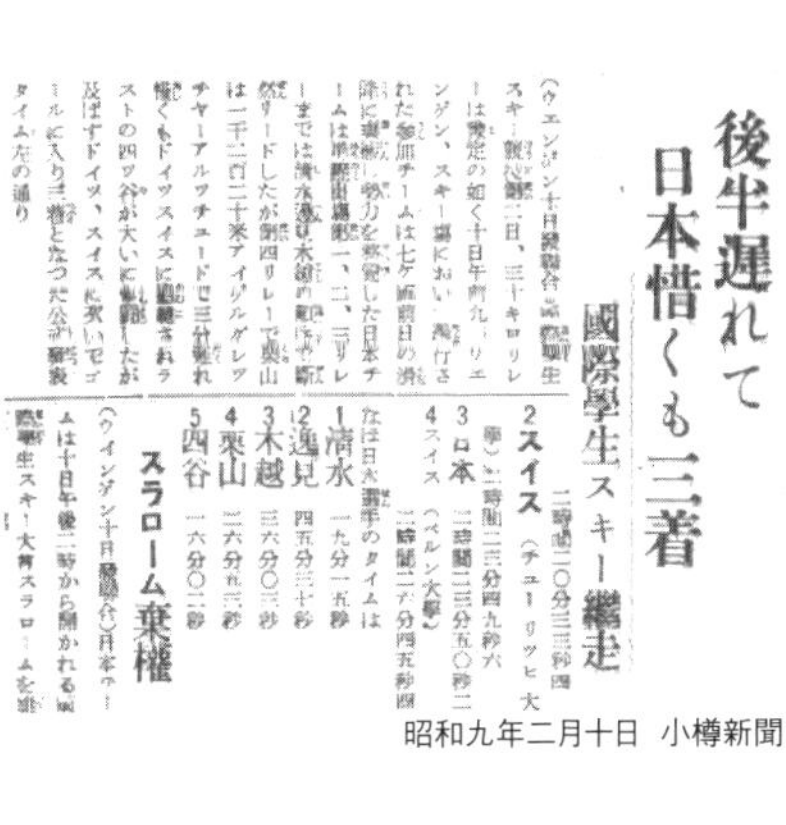
後半遅れて
日本惜くも三着
國際學生スキー繼走
スラローム棄權

昭和九年二月十日　小樽新聞

北海タイムス　昭和六年十一月十九日
緑丘新聞　昭和六年十二月二十五日
卒業アルバム　昭和七年、十一年
小樽新聞　昭和九年二月十日

第五節　第二次世界大戦前、冬季オリンピックに出場した小樽人

昭和三年（一九二八年）日本が初めて参加する第二回冬季オリンピック（スイス・サンモリッツ大会）へは六名が参加し、伴校長の長男素彦（北大）が小樽出身のジャンプ選手として初出場を果した。

昭和七年（一九三二年）第三回レークプラシッド冬季オリンピックには参加選手十一名のうちジャンプ選手二名、距離選手一名で計三名が小樽出身者であった。ジャンプに出場した安達五郎（樽中出身）は八位と健闘し、関口勇（北商出身）はスキー複合に出場、坪川武光（札幌商業学校、現：北海学園札幌高校出身）も小樽出身で距離と複合に出場した。

昭和十一年（一九三六年）第四回ガルミッシュパルテンキルヘン冬季オリンピック（ドイツ）へは日本人十名のうち小樽出身の選手が六名選ばれ、競技役員を含めると十五名中九名が小樽出身者であった。また、ジャンパーとして出場した四名全員が樽中出身であったことに驚かされる。それはヘルセット中尉の指導を受けジャンプコーチとなった秋野武夫が酒造会社社長野口喜一郎の金銭的援助の

もと樽中校庭のジャンプ台に夜間照明をつけて強化練習をした成果の表れだった。また、同校に合宿所を建てた強化策も功を奏し同大会ジャンプ競技では伊黒正次七位、宮島巌三十一位、期待された安達五郎四十五位、龍田峻次四十六位と健闘した。

この大会ではアルペン種目にも初めてエントリーし、小樽出身の関口勇と関戸力（樽商出身）が参加した。このように冬季オリンピック初出場から戦前までの大会では小樽から多数の出場者を輩出し、スキーのメッカとしての確固たる地位が築かれていたことを物語っている。

昭和六年小樽高商敷地内にジャンプ台が設置されてから四年目のシーズンに、小樽高商から初の冬季オリンピック代表選手が誕生した。日本ジャンプ発祥の地を眼前にして、またスキー術伝来の地としてジャンプ練習ができる特別な環境を校内に造ってきたことが創立以来の快挙につながったのである。

昭和十年二月五輪代表選考会となった全日本スキー選手権は札幌大倉山シャンツェで開催された。

ガルミッシュパルテンキルヘンオリンピックポスター

小樽高商生の宮島巌は三位に入賞し、この日に行われた選考委員会において第四回冬季オリンピック代表選手に選ばれた。会議は午後九時から始まり、翌日午前二時まで議論が尽くされ五輪選手が決定した。選考委員に高橋次郎がいたことは大きな強みになったが、宮島選手は堂々たる成績で正選手に選ばれた。

オリンピックへは役員として高橋教授と小樽高商スキー部員野口正二郎の両名が派遣されることになり、

宮島選手壮行ジャンプ大会で高商シャンツェに集ったオリンピック代表選手たち

小樽高商から選手と役員三名が参加する記念すべき大会になった。初めての海外渡航となる宮島にとっては、頼りがいのある役員が身近にいて大変心強かった。

選手役員の決定後、早速同窓会役員及び小樽高商関係者によってオリンピック選手派遣後援会が組織され、四ヶ月間の長期遠征に向けての金銭的準備がなされていった。初めての五輪選手の誕生となり緑丘は活気に満ち溢れ、多額の寄付金が集まった。出発に先立ち十二月十五日北海ホテルで壮行会が盛大に行われ選手達は渡欧していった。

そのシーズン、ドイツは三十年来の暖気で一月の降雨で積雪が減り、各国の選手は練習不足になっていた。開催地ガルミッシュパルテンキルヘンでは湿ったべた雪のコンディションが長く続き選手団は雪のある山地へ出かけて練習した。日本人は何処へ行っても大歓迎を受け、練習が終わるや否やサイン攻めに遭うほどの人気があった。長旅の疲れや慣れない習慣や食事に戸惑うこともあっただろう。

選手団は各地を転戦しオリンピック開催前にはドイツ・ミューレンで万国学生スキー大会が開催され、宮島選手はこの大会で堂々三位に入賞し五輪に向け弾みをつけていた。本番の練習では七十八m

を飛び絶好調と伝えられていた。宮島から小樽高商へ届いた一通の便りを紹介する。

「廣田団長より万国学生スキー大会に出場を命ぜられ、その夜直ちに出発、夜にミューレンに参りました…（中略）…ここは先年四ッ谷さんが来たウエンゲンと向い合ってる所で、ここより左下の向側の壁にウエンゲンが見えます。表の右側の中程に小さく見える町がそうです。宿はホテルアイガーで朝窓を開けると目前に右より有名なユングフラウ、メンヒ、アイガーが聳えて居てとても景色の良いところです。英国人がとても沢山来ています。今日ジャンプを終わりました。既に新聞でご承知でしょうが、私は三等となって小さなカップを貰いました。明朝早く発って又ガルミッシュへ帰り二十三日のジャンプ会に出場するつもりです。　宮島　巌　拝」

宮島選手のフォーム

金メダリスト、ルード・ビルガー（ノルウェー）のフォーム

ヒットラー政権下でのオリンピック開催

ヒトラー政権下でのオリンピックは入場チケット特等席はすべて売り切れ、ホテルはすべて満室、昨今と変わらない混雑状況であった。ジャンプ会場では超満員の様子が写真に写っている。

宮島の空中姿勢は両腕を体に添えるフォームで、今では一般的なフォームだが当時としては珍しい姿勢だった。当時は両腕を前に伸ばして前傾するフォームの選手が多く、金メダリストをはじめ宮島以外の日本人はこの姿勢で飛んでいた。大会当日、日本人トップバッターの宮島は慎重なジャンプを見せ飛距離は六十三、五m、二回目も同じ飛距離にまとめて三十一位となり日本人の中では二番目の成績だったが、宮島は足首を負傷していたことを隠し「恥ずかしいばかりの成績」と納得していない様子だった。

ガルミッシュスキースタジアム

宮島が競技を始めたのは中学四年からだった。中学時代は目覚ましい成績もなかったが小樽高商に入学し努力した末に一流となった。オフシーズンには自分で考え出した練習方法によって体にバネをつけようと体力づくりに励んだ。授業のない時間には腹筋運動にランニング、放課後も練習に打ち込んだ。夜の縄跳びも毎日一時間を欠かさなかった。「若かったから出来た。でも一日の日課が終わるとクタクタに疲れましたね」。と後年語っている。

昭和十五年（一九四〇年）には小樽高商生徒菅野駿一が全日本スキー選手権ジャンプ種目において優勝したが、昭和十五年開催予定の東京札幌の両オリンピックが戦争の巻き添えで昭和十三年に七月に返上されており、オリンピック出場は叶わなかった。

昭和二十四年日本最古のサマージャンプ大会　〈小樽量徳小学校〉

終戦間もなく昭和二十四年八月小樽量徳小学校において日本最初のサマージャンプ大会が開かれた。練習をしているのは二年半後にオリンピック選手に選ばれる小樽経済専門学校（現：小樽商科大学）生渡部龍雄である。なんと、小学校二階屋根の上からのジャンプ大会である。

この年、小樽市主催で全道工業品共進会が開かれたが、「どうせならなにかアトラクションがないか」と相談をもちかけられた関係者が「スキーの本場だから、おもいきって真夏のジャンプ大会をやってみてはどうか」と進言し取り入れられたプランである。小樽市の土木部が、量徳小二階屋根の曲がり角を利用、そこをアプローチにしてランディングバーンを中庭に向け、えん麦だわらを敷き、その上に軽くスピンドル油をぬって滑りをよくしてある。現在のサマージャンプにおけるランディングバーンも、材質は異なるもののよく似た構造となっている。

大会には四、五人の選手が参加、約十日間、一日三回ぐらいアトラクションとして市民に披露された。見事なジャンプに拍手喝さいだったという。

小樽高商から誕生したもう一人の冬季オリンピック選手渡部龍雄は、ジャンプ選手として昭和二十七年（一九五二）第六回オスロオリンピックに出場した。宮島と同じく小樽中学出身で経専を経て三井鉱山芦別に勤め、五輪出場を果たした。日本が十六年ぶりに参加となる大会で、渡部は戦後初めて経専出身の冬季オリンピック選手となった。

練習をする渡部龍雄の踏切

えん麦が敷かれた量徳小学校

渡部龍雄　オスロオリンピック27位

第二次世界大戦中は戦争激化により二大会が中止され、戦後最初の大会は敗戦責任により日本の参加は叶わなかった。紹介できなかったが実力がありながらオリンピックに参加できなかった小樽の選手、戦火に散った多くの選手の冥福を祈る。

参考資料

小樽新聞　昭和十年二月十三、十六、十八日
緑丘新聞　昭和十年三月二十八日、十二月五日、昭和十一年三月五日
北海タイムス　昭和十一年二月六日、八日
北海道新聞　昭和五十一年一月九日
冬季オリンピックと競技スキー　現代スキー全集・第四巻　実業之日本社　昭和四十六年
Ⅳ. Olympische Winterspiele 1936 Amtlicher Bericht
北海道新聞　昭和五十二年三月四日

第Ⅲ章　黎明期における日本スキー術の変遷と小樽

第一節　大正期一本杖から二本杖になった『スキーの要領』

日本のスキー技術はレルヒ少佐の一本杖のスキー術、すなわち軍用から民間スキー術へと次第に変化をみせて一般スキー術へと広がっていった。その過程において日本のスキー術と指導論はその理論を競うことで著しく発展していった。

大正十二年第一回全日本スキー選手権アルペン競技のテレマークスラロームの出場者をみると、旗の間を滑る選手はストック不使用で滑走している。スキー距離競技では既に二本杖（二本ストック）が使用されていた。元々、レルヒ少佐が紹介したノルウェー式スキー術では、二本ストックを使うことが鶴見大尉の『スキー術』からも紹介されており、スキー距離競技ではいち早く採用されていた。すなわち、レルヒが伝えたオーストリア式スキー術により一本杖が当初日本全国に普及したが、二本杖の技術も伝えられていたのである。スキーを平坦地で滑らせるには二本ストックを使って推進力を加える方が断然速く滑ることができるからである。

黎明期における一般スキー術では一本杖が普及し、停止や回転練習の際にはストック不使用で練習することが推奨され、何も持たずに回転するスキー技術も求められていた。アルペンスキーの二本ストックはバランス、タイミング、リズムをとるためにストックを使用するが、一本杖は急斜面を回転滑走する際に転ばないよう体を支える使用目的があった。第一回大会スラロームの競技規則においては、ストック使用・不使用の規定がなかったので、その選択は選手に任されていた。第一回大会のスラローム競技において多数の選手がストック不使用だったのは、好タイムを出すためで、コースに立てられた旗門間を素早く通過する際に長尺の一本杖が邪魔になることや、まだ二本ストックを持って回転するという競技概念がなかったからであろう。

しかしながら、なぜ速いタイムを競うスラローム競技に二本ストックを使用しなかったのか不思議である。国際的にはノルウェーから始まった距離競技とジャンプ競技は国際スキー連盟（ＦＩＳ）が規定する種目として競技規則の整備はされていたが、アルペン種目はまだオリンピック種目に認められていなかった。英国スキー関係者が滑降競技とスラローム競技を提案していたが、北欧と中欧との間でスキー術の優位性に端を発した対立から、アルペン競技開催と規則整備が遅れていたことにも関係している。

第1回大会テレマークスラローム

次の写真には競技に携わる大会関係者は二本ストックを使用している姿が映っている。第一回大会のジャンプ台の手前には短いストックが写り、この頃、アルペンスキー術における二本ストックの使用は過渡期にあった。その後、大会を境に小学生から一般スキーヤーまでが、一般に一本杖から二本杖を持つようになっていったのである。

第一回全日本スキー選手権では、大会当日に急遽徹夜作業で軽量スキーを製造するなどスキー板にも変化が起こった。スキーの操作性は道具の影響を大きく受け、その材質や形状が変わるとスキー技術が変わる。現在でも道具の変化によってスキー技術が高度なレベルに発展することは変わらないが、黎明期における競技化によって著しくスキー技術や産業が発展していった。

「この大会は我が国のスキー史に一つのエポックを起こすものであった。この時に至るまで、日本の国内に於いてすら『スキー技術の交通』なく、樺太、北海道、東北、信越の各地方は殆ど孤立していて、お互いに他地方のスキー家の滑る技術を、お互いにもの珍しく眺め合った。樺太の人々は、平地などをバタバタと、スキーをあげて精力的に走った。信越の人々は、スキーは滑るものだから、登るのはいかんという位であったから、滑降技術には優れていて、テレマークなどを盛んに愛用していた。北海道では、その前から、平地滑走や登り等にも精通していてクリスチャニアやジャンプターンなどを愛用していた。東北地方は、今でこそ、スキー技術のレベルが最前線にまで高められてはいるが、その頃は、まったくお話にならないほど貧弱なものだった。結局この戦いは、地元北海道軍の勝利に沸いたが少なくとも距離競技に於いては、樺太軍は他軍よりも遥かに先を歩いていた。彼らは今日見る

2本ストックを持つ第1回大会関係者

第1回大会ジャンプ台の手前に写る短いストック

がごとき形状の軽い狭い競走用スキーを既に用意していたのである。かかる武器と優秀なる技術とが結合されて、第一日目の距離競走は、樺太軍の独壇場だった。『レーススキー』の出現は誠に驚異であった。これではいかん、というので、小樽商業のリレーチームは、スキー二台を梅屋運動具店にてその晩徹夜で作ってもらった『レーススキー』で翌日のリレーの優勝旗を獲得することができたというようなエピソードがある」と、この大会に出場した小樽高商教授高橋次郎は自身の著書『日本のスキー術』で述べている。

大正元年小樽高商スキー部を創設した白鳥恒雄は高商スキー部の合宿やコーチを引き受ける傍ら大正九年『スキーの要領』を出版した。白鳥は、第一回全日本スキー選手権北海道選手団監督として北海道を団体優勝に導き、スキー技術・指導論では国内トップクラスにあった。前述したように、大正十年第二版『スキーの要領』の共著者である讃岐梅二は小樽高商の学生時代第一回全日本スキー選手権ジャンプ種目で優勝し、アルペン種目（クリスチャニアスラローム）においても小樽高商スキー部から優勝者を輩出しており、この頃のスキー技術・指導論において小樽出身者や小樽高商関係者が選手としても指導者としても日本をリードしていたことに疑いない。この頃までに、スキー術に関する書籍は全国で数十種出版されていたが、白鳥恒雄が後継者育成の為に編纂した大正十四年第三版改訂『スキーの要領』を取り上げて紹介する。

本書では、復杖（二本ストック）を使用する回転技術が基本に解説され、転倒法、起立法、直滑降、斜滑降、横滑降、全制動（V字）、半制動、クリスチャニア、テレマーク、跳躍回転、ジャンプなどの技術が解説されていた。

『スキーの要領』では回転技術を「クリスチャニアスイング」「テレマークスイング」として用い、後述する『アールベルグスキー術』では回転技術を「クリスチャニアテクニック」として使っている。ノルウェーの地名がスキー回転技術用語として、日本で長く使われてきた。一八八八年ノルウェーの首都クリスチャニア（オスロ）で開催されたスキー競技会において、テレマーク地方からきた青年らが見せた滑走を「テレマーク」と名付け、テクニックの混同を避けるためにスキーを平行にして行ったターンをクリスチャニアと名付けた。一般的にはクリスチャニアの方がテレマークよりも難しいものとされ、クリスチャニアスイングは英国スキー書においても用いられる現在のパラレルターン（両足を平行にして回転）を意味している。その一部の回転技術を以下に解説する。

クリスチャニアスイング（Christiania swing）

クリスチャニアの回転方法に三種類を挙げ、それぞれがさらにアップヒルとダウンヒルヒルに分類されている。

第一法　谷足に殆ど全体重をかける方法（アップヒル）

一、正規姿勢の滑降中殆ど全体重を谷足踵にかけ、山足膝を伸ばし、山足スキーの先端を上げる様な気持ちで少し開く。

二、谷足スキーの内角を用いその踵でスキーを谷側へ押し滑らせる。この時山足スキーは少し外角付けする。

三、回転が終わるや体重を両足に平均にかける。

第二法　山足に殆ど全体重をかける方法

一、正規姿勢の滑降中山足膝を少し屈げて五・六寸前に進め、山足スキーの先端を少し開き、殆ど全体重を山足にかける。

二、山足スキーの外角を用いその踵でスキーを谷側へ押し滑らせる。この時谷足スキーは少し内角付けする。と同時に顔を谷側に向け、全身特に腰を谷側に捩って臀が山側に向き、山肩を高め下腹を突きだすようにする、時には山腕を上げてこの動作を助ける。

三、回転が終わるや体重を両足に平均にかける。

第三法　両足に体重を平均にかける方法

一、正規姿勢の滑降中両足を出来る丈揃え、両膝を接着して少し屈して体重を両足に平均にかける。この時拳を握り谷腕を体の前方から山側に廻し、山腕を後方へ押しやり、両肩を山側に捻る。然し顔と腰以下は滑降方向に正面して居る。

二、回転せんとする時両腕を谷側へ振り、腰を少し下ろして体の上下を互に反対の方向に捻る。即ち腰以下を山側に両肩を谷側に捻り、臀を谷側へ向ける。同時に強く角付けし、両踵に力を入れて急に両スキーを谷側に圧すると、多少の横滑りの後直ちにスキーは原進路と殆ど直角になるまで回転する。この方法をジャークドクリスチャニアと云う。

テレマークスイング

一、正規姿勢の滑降中、谷足スキーをその足先が山スキーの先端に位置するまで滑りださせ、谷足膝を直角に曲げ（テレマーク膝）、殆ど全体重を谷足に移す、この時山足膝を充分に曲げその踵を充分にあげて足指で立つ様にし、上体と顔は直角にする。之をテレマーク姿勢と云う。

二、谷足スキーの内角を用い、その踵でスキーを谷の方へ押し回す、と同時に体を山側に捻じる。

この時山足スキーは少し外側付けするに止まり谷足スキーに随伴して回転する。

スラローム

ダウンヒル・クリスチャニアとダウンヒル・テレマークとの結合をダブルスイングという。ダウンヒル・クリスチャニア、又はダウンヒル・テレマークの連続をスラロームという。

ジャンプ

競技スキーはジャンプ競技や回転競技、距離スキーを指し、ジャンプ競技では、「空中に出るや否や両腕を左右に於いて強く大きく回転し、爪先を意識的に…（中略）…スキーを斜面上に平行にし、頭を下げ視線をグランドにむける」とある。

北大文武会スキー部が編纂した大正十一年初版で大正十四年第三版『スキー術階梯』においても同じような技術論が述べられており、空中では両腕をグルグルと左右に回して空中姿勢を保つ技術が一般的であった。

このほかに登山スキーに関する解説が詳細に述べられ、山スキーは、スキーを履いて山林を「歩く、登る」といった歩行を中心にしたスキーで、リフトのない時代には最も盛んに楽しまれていた。現在の冬・春山においても親しまれており夏山では行くことができないような藪の中でも、そこに雪が積もり、スキーがあれば何処へでも滑って移動でき各所の絶景を楽しむことができることから、現在でも一部のスキーヤーの中に根付いている。

参考資料

第二版スキーの要領　白鳥恒雄　讃岐梅二　高橋次郎　大正十年
改訂スキーの要領　白鳥恒雄　札幌印刷　大正十四年
スキー競技法　西澤勝次　ヘルメス社　大正十四年
日本のスキー術　高橋次郎　弘明堂　昭和十年

第二節　昭和四年スキーの近代化「アールベルグスキー術」

昭和初期、スキー術を求めて海外にも目が向けられるようになっていった。その頃、オーストリアのアルペン技術が世界的に高く評価され、シュナイダー氏が見せた卓越した回転技術は世界の中でも異なる次元に達していた。大正十年第二版『スキーの要領』の共著者となって日本のスキー技術・指導論をリードしていた小樽高商関係者のひとりで、後に小樽高商教授となる高橋次郎はシュナイダーの著書『アールベルグスキー術』を昭和四年日本に紹介した。

シュナイダーは一八九八年に初めてスキーを履きテレマーク技術を使って練習していたが、急峻なアルプス山系では欠点が多いことから、一九〇九年クリスチャニアを回転技術の基本として彼自身の滑りを矯正しスキー術を研究していった。

一九一二年スキー映画監督アーノルド・ファンクはシュナイダーのスキーテクニックをダボス（スイス）で見て関心を示していた。この頃は、アルペンスキー術とノルウェー式スキー術との間の論争が激しく行われていた時期で、アルペン式は高山に対して有利、ノルウェー式は緩やかな山地に有利という見解が定着していたが両者の意見は対立していた。地理的環境がその技術を育むという自然の摂理が理解されつつも、両者の優位性を巡る議論は日本においても続いていた。

一九二〇年ファンク監督の下にシュナイダー主演映画「スキーの驚異」の撮影が始まり、その第一日目にファンク氏は全く完成の域に達したテクニックをみて感嘆してしまった。時代変化の中で、一九二四年アールベルグスキー術を出版したシュナイダーへ一九二五―二七年シーズン、ドイツスキー協会は公式にスキー講師の養成を依頼し、スキーの講習と試験を実施した。チロルの職業スキー講師協会はその四年前から公式に彼の講習方法を採用している。スキー姿勢は、滑る基本として最も重要な点に上げられるが、シュナイダーの理論は「ホッケ（Hocke）姿勢」と呼ばれるしゃがむ姿勢をとることに特徴があった。従来、「直立姿勢」が最も美しい姿勢とされ、上体をやや後方に傾け一方の靴を一足長前に出すところに特徴があり、一番異なる点は構え方にあった。

大正末期のいくつかの日本スキー術に関する著作を紹介すると、スキーターン中のスキー操作について、『スキーの要領』では「前足スキーを一靴長丈前に出す。腰を多少下し体重を前足に四分、後足に六分掛けるような気持ちでいる」、笹川速雄著『スキーイング』では、「一方のスキーを一足長さだけ前に出す。…体重の殆ど全部を曲げた後ろ足にかけ、前足はスキーに乗ってさえ居ればよい。ことさら体重を分配する必要はない」、北大スキー部編纂『スキー術階梯』では、「上体は反り身となり何れか一方の足を一足前に出して両脚の膝を少し曲げる…体重は其の六分を後脚に、四分を前脚に掛ける」などであり、スキーを滑る際の重心位置に異なる点がみられた。

高橋次郎教授の『アールベルグスキー術』の一部を紹介する。

ホッケ姿勢とは　―スキーの滑走姿勢―

一、両足を揃え、両足均等に荷重し膝を密着させる。

二、腰を下ろしてしゃがむ、体の重心を低くする。

三、膝を前に突きだすようにして体が斜面と垂直になるように前傾(前に屈む)する。

四、両腕は少し曲げて、両手を膝の横までに下げ、それを肩幅よりも少し広く開き少々前方へ出して安静に保っておく。

プルークファーレン「全制動滑降」(プルーク)

踵で押して両スキー末尾を広くおし開いて(V字)、スキー先端が接着する様に、両足を左右に開く。その時、膝を多少曲げる。ただし決して強く曲げ過ぎてもいけ

ない。また、伸ばし切って置いてもいけない。上体は強く前屈前傾し、両手は膝の脇に置く。この時。余り強く角付けせずに出来るだけ平らにして滑降することが重要である。以下の写真は昭和五年菅平高原における映像写真である。

シュテムファーレン「半制動滑降」（シュテムターン）

一方のスキーのみがシュテム（制動）の位置をとり、他のスキーは滑降方向を保っている。その時、体重は主として滑降スキーに在り、シュテムスキーへの荷重は少ないがシュテムを強くするに従ってシュテムスキーにのせられる体重の量が増してくる。シュテムスキーはその先端が滑降スキーのそれよりも前方に出るようになる。

昭和五年シュナイダーのシュテムファーレン分解写真
（順番は人物像が大→小へ）

クリスチャニア・シュブング（パラレルターン）

クリスチャニア・シュブングは、唯一種類あるのみである。その全運動過程を分析して、個々の段階を見ると、次の図のようになる（右方向へ山回り回転の場合）

一、両スキーから体重を抜くために、身体を前傾しつつ、それを上に伸ばす。と同時に、極めて短い瞬間、左スキーから体重を抜いて平らに保ちながら、その末尾を少し外方に開き、その先端を右方即ち最大傾斜線の方へ捻る。体重を右外方へ即ち斜面の下方へ移しつつ、身体を右方へ回転させる。

二、末尾を開いた左スキーの上に荷重して、足の力によってそれをシュテムして更に右方へ回転する。その時、抜重されている右スキーを平らに保ちつつ左スキー側の方へ引きつける。

三、平らに保たれている右スキーを速やかに完全に引きつけて、制動中の左スキーと平行にする。そして、両スキーに体重を均等に分けて、それを出来るだけ平らに保ちつつ、更にその両スキーを右方へ回転する。

四、右スキーの上に体重を移しつつ、身体を圧し縮める。その際、右スキーは前出していて左スキーよりも少々早く回転しているので、両スキーは平らに保たれつつ「ハサミの形」をなしている。身体を益々前傾し、強く内傾する。（体は、このとき既に両スキーよりも一層多く右方へ回転している）

第三圖　クリスチャニア・シュヴングの分解

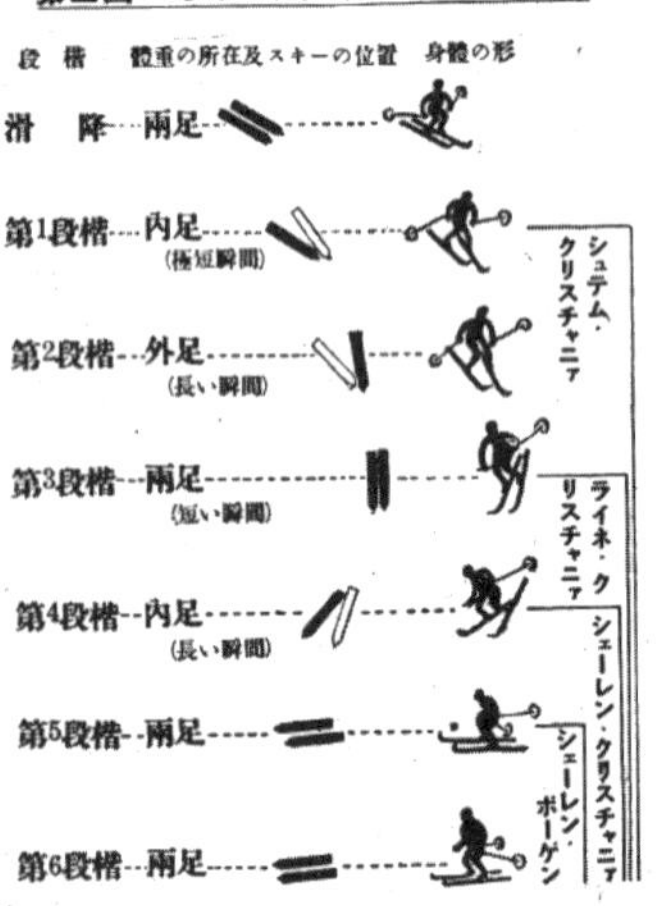

五、体を最も深く下に圧し縮め、かつ内傾する。その時、体は「前傾」から「後傾」に変わり、その右方への回転は完了する。後に残っている左スキーを足の力をもって引きつけ、体重を徐々に両スキーに均等に分ける。この時、今まで平らに保たれていた両スキーを強く右角付し、体重を両踵に移し、スキー末尾を圧し付けて、最後のトドメをさす。

六、回転が終結する。そこで、身体を起して立ち上がる。

昭和五年シュナイダーのクリスチャニア分解写真（順番は人物像が小→大へ）

クリスチャニア・シュブング概説では、第一・二段階シュテムクリスチャニア、第三段階ライネクリスチャニア、第四段階シェーレンクリスチャニア、第五・六段階シェーレンボーゲンに分類して解説している。また、高橋氏はクリスチャニアで反動を使ったタイプの滑りから、シュテムボーゲン、テレマーク、シェーレンボーゲンや長距離走、ジャンプ、登山に至るまで詳しく解説している。第三節で述べる、日本での第一回指導者検定講習会では彼の講習方法が採用され、その後においてもこの技術が紹介され参考にされている。

参考資料

第二版スキーの要領　白鳥恒雄　讃岐梅二　高橋次郎　梅屋運動具店　大正十年
スキーイング　笹川速雄著　目黒書店　大正十三年
スキー術階梯　北大スキー部編纂　大正十四年
アールベルグ・スキー・テクニック　高橋次郎　東北帝大山岳部出版　昭和四年
アールベルグスキー術　高橋次郎　博文館　昭和四年
日本のスキー術　高橋次郎　弘明堂　昭和十年

第三節　昭和十四年「第一回日本スキー指導員検定会」

スキー連盟はスキー選手権大会を主催しオリンピック選手を派遣してきたが、競技スキーの強化だけでは充分ではなくなってきた。スキー初心者から上級者までに対する一般スキー技術の体系化された指導と教科書作成など、教育への配慮が必要な時期を迎えていた。

シュナイダーは「スキースポーツの目的は何か、それは、日々の仕事の疲労や苦悩を同復させ、尚それ以上に身体を強壮にし、抗力（免疫）を増し人々を若返らせるものであります」と述べ、また、ノルウェーのヘルセット中尉は「冬の自然を楽しみつつ、山々を活歩し健やかな身体と不屈の精神を涵養するのがスキーの真の目的である」と、スキーの目的が体力養成や精神力の向上にあることを伝えていた。一方、欧州では早くから軍事にスキーが利用されており、日本においても軍部による普及発展が積極的に行われてきた。昭和十二年から始まった日中戦争によって国民の体力錬成、体位向上に視点が向けられ、スキーが冬季の体力維持及び増進に適する格好の鍛錬手段として認知されるようになり、第一回スキー指導者検定講習会を厚生省の後援で開催することになった。

昭和十四年十二月二十一日から三日間、山形県の五色温泉でスキー指導者検定講習会が開催された。第一回は高橋を委員長として藤沢伸光ら八人を講師に、小樽で高橋の指導を受けた小樽市役所・柴田信一を助手として行われ、六四名の参加者があったが、その内十一名が日本最初の指導員として認定された。小樽からは柴田信一、末武久、曾田起一郎の三名が選ばれている。

高橋は指導員の育成と一般スキー術の統一のため、教職の余暇をさいて各地を廻り講演と実技指導に取り組んでいる。この全国行脚に同行した藤沢伸光の話によると汽車の中でも次の会場で行う講演の原稿を書き続けていたというから、いかに精力的に行動していたかが良くわかる。

第一回スキー指導者検定講習会の前シーズン、昭和十四年（一九三九年）の一月から三月にかけて第一回全国スキー講習会が実施され全国四十箇所のスキー場で二～三日の講習終了後、テストを行って成績の良い者に一級、二級の技術章が与えられた。シーズン中の受講者三六一一人中一級一四八名、

小樽における夜間講習　中央が高橋教授

二級五二五名が合格している。これは日本で初めて行われたバッジテストとなった。全国スキー講習会の講師には、殆ど往年の名選手が当たった。しかしながら、名選手が必ずしも一般の名指導者ということにはならない。一般スキーの指導者は競技には無縁でも、各地でスキーに励んでいる者に資格を与え指導者を選んだ方が効果的だという方針から、指導者育成と指導書の統一が速やかに行われることになった。

日本スキーの資格制度を築いた高橋次郎

昭和十四年日本で初めて全国のスキー指導者育成に取り組んだのは小樽高商高橋次郎教授である。経済地理学を専門としていたが、小樽育ちで少年期からスキー大会で活躍し、晩年までスキーに関わり続けた。

高橋は少年時代に樽商のアンカー選手とし

て第一回札樽スキー駅伝において団体優勝し、小樽高商在学中には第一回全日本スキー選手権に出場している。小樽高商から東北大学へ進んだ大正十四年には全日本スキー連盟の第一回代表委員となった。卒業後、小樽高商へ戻って教職に就くが昭和七年スキー連盟の技術委員となり昭和十一年のガルミッシュオリンピックに役員として参加、オリンピック終了後は留学生としてドイツに留まり、その間幻となった札幌オリンピックの誘致に連盟の現地駐在員の役目を果たしている。留学中には親交があったシュナイダーの指導を本場のチロルで受け、アールベルグスキー術の権威となって帰国した。そのアールベルグからの手紙を紹介する。

「遂に思い切ってアールベルグへ来た。やはり来てみて良かったと思います。…シュナイダー氏の家に泊っています。先生はやはり上手です。…シュテムボーゲンはいつも同じで変わりないと言っていますが、補助として腰と肩のシュブングを用いて教えることが少し前とは変わっているようです…

三月二日　サンアントンにて　次郎」

その高橋を待っていたのは、一般スキー術の統一と普及の仕事で、全日本スキー連盟技術委員長として第一回スキー指導員検定会の委員長を務めた。

最初に取り掛かった仕事は、ばらばらだったスキー技術解説書のスタンダード版を作ることである。解説書はスキー指導書のバイブルであったシュナイダーの著書『アールベルグスキー術』が基になっている。多くのスキー書では著者の解釈の違いや、経験などが入って解説の詳細が異なってくるから一般スキーヤーは迷ってしまう。そこで連盟の権威のもとに、「一般スキー術要項」を作成し、これをテキストにして一般スキー術の統一と資格制度の確立に尽力した。

敗戦から四ヶ月の時点で、高橋は文部省体育局からスキー講師を委嘱され、昭和二十一年一月十八～二十二日にニセコスキー場で学校体育関係者を対象にスキー講習会を開催している。実施要項には各自の食糧持参が明記され、混乱した社会情勢の中でもスキー教育を立て直そうという意気込みがあった。昭和四十五年『文部省往復綴』によると、全国四会場でスキーの普及指導に尽力している。

昭和二十五年十二月脳溢血で倒れ天狗山の見える自宅にて昭和二十七年一月二十八日享年五十二歳で永眠した。戦後、北海道スキー連盟会長と全日本スキー連盟副会長を務め、現在も続くスキー指導者検定とバッジテスト制度を定着させたことは、日本のスキー教育における高橋の功績の一つであろう。

参考資料

日本のスキー術　高橋次郎　弘明堂　昭和十年

緑丘新聞　昭和十一年五月十五日

スキーのふるさとおたる　高橋純　大日本印刷　昭和五十五年二月一日

アールベルグスキー術　高橋次郎　博文館　昭和四年

緑丘一〇八号　百年史編纂室だより⑨　平井孝典　平成二十二年

第Ⅳ章　世界と日本・北海道のスキー

第一節　世界のスキー

はじめに、五千年前とも一万年前から続くとも伝えられるスキー史について簡単に触れる。スキーの起源は紀元前まで遡り、古代スキーは狩猟や戦争、交通手段の道具として北欧スカンジナビア地方に誕生し、その地域一帯で必要とされたスキーは生活の手段となっていた。右の写真はノルウェーで発見された石器時代の彫刻である。

緩やかな傾斜地域で発達したノルウェー式スキーは、後に欧州各国のアルプス地方へと広がっていくが、ノルウェー式スキーは平地滑走に優れ、欧州アルプスでは急峻な山々が多いためにスキー操作に苦労した。時を重ね、アルプスの急斜面においてもスキー板が回転し易いようにオーストリア式へと改良が積まれた。また、技術的にも変化がみられ、アルプスで滑降ができる「山岳滑降スキー術」が考案される。やがて日本へ広がるスキーは、山岳滑降に適したオーストリア式の一本杖を使ったアルペンスキー術だった。

スキーを履いた人物（BC2500年頃）

一八八〇年ノルウェー王国に初のスキー学校が設立される。クロスカントリースキーやジャンプ、アルペンスキーが盛んになり近代スキーの興隆が築かれるようになった。一八九一年ノルウェーの偉大な探検家であり科学者、人道主義者として知られるフリチョフ・ナンセン（Fridtjof Nansen 一八六一―一九三〇）は『スキーでグリーンランドをゆく』をドイツ語で出版し、その著書は物凄いスピードで欧州全土に広がった。その頃、小学校教師を経て画家並びに彫刻家でもあったマチアス・ツダルスキー（Mathias Zdarsky 一八五六―一九四〇オーストリア）は農夫になるために農園を購入し、リリエンフェルドに定住した。独身で既に四十歳になっていた彼はこの書を読んでスキーを取り寄せ黙々とスキーの練習に励んでいった。参考書をもとに指導者なしでスキーができるようになることは並大抵の努力では達せられない。まして、ここからスキー術の研究に没頭しアルプス用にスキーや金具を改良していったことには驚かされる。彼は出来上がったスキーを履きアルプスの急斜面を疾走できるスキー術を身につけていった。一八九六年十一月彼はアルペンスキー書『リリエンフェルドスキ

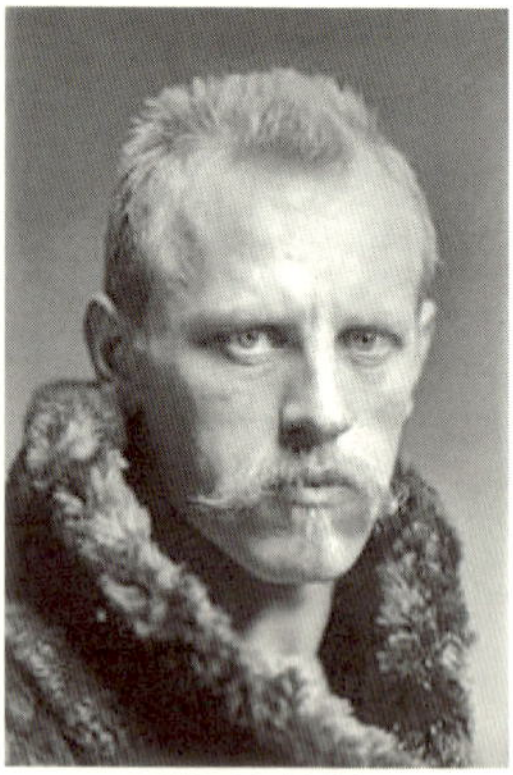
フリチョフ・ナンセン

マチアス・ツダルスキー

ー術』を世に出した。この書は一九二四年まで十七版を重ねた名著で、彼は「アルペンスキー術生みの親」となった。一九〇八年彼はオーストリア・ハンガリー軍のために『スキー手引書』を書きスキー指導にもあたり、数万にも及ぶ軍人や人々にスキーを熱心に教え、その中に「日本スキーの父」と呼ばれるレルヒがいたのである。

第二節　日本の古代スキー　日本最初のスキーヤー

樺太アイヌ民族が使っていたスキーはストーと呼ばれ、長さ一五〇cm、先端が尖り上方へ反り返った木片からなる。ストーは間宮林蔵が文化五年（一八〇八年）樺太探検した際の記録『北蝦夷図説』に描かれている。スキー術伝来よりはるか前に樺太アイヌがスキーを生活必需品の一部として移動や狩猟の手段として使用していた。ストーはまさに必要に迫られて誕生した民具でアイヌ民族にとって食べるため、生き延びるための道具だった。アイヌ民族の使用していたストーはノルウェーで使用されていたスキーと実用面で類似する点がある。雪の山中、単に移動するだけではなく敏速に移動し、滑り曲がることが可能だったようである。何世

樺太アイヌが使ってきたストー

猟をする樺太アイヌが使ってきたストー

紀頃から使用していたのか詳しくは不明であるが、数百年数千年まで遡り使われていた可能性がある。隋・唐（六世紀末から十世紀）の時代に、中国は樺太アイヌとの間に交流があった。樺太アイヌ民族がスキーを使っていた記録は随所に見られ、中国の史書『東夷伝』にはスキーの構造が記されているという。

樺太、カムチャツカ、朝鮮、北部アジアの内陸原住民のコリヤーク族やギリヤーク族は裏面にアザラシの皮を張った特殊なスキーを持っているらしい。また、アラスカ北部のエスキモーにも古代スキーが残り、加奈陀（カナダ）スキーをレルヒは伝えている。縄文人の起源説を考えれば、ノルウェーからスキーが移入してきた可能性は低く、古代アジア地域において自然発生的に民具としてスキーが誕生した可能性が考えられる。ストーは寒冷積雪地帯において古代人類が生き残るために必要な生活必需品として古くからあったようである。

日本最初のスキーヤー

日本最初のスキーヤーはアイヌ民族になるだろう。アイヌ民族を除く日本で初めてのスキーヤーは元禄十四年（一七〇一年）大阪商人の伝兵衛であるかもしれない。伝兵衛は商船で航海中に強風によって約六カ月間漂流し、北千島に打ち上げられ捕虜となりロシアでスキーを履いていた記録が残る。

文化九年四月（一八一一年）青森県の行商人だった中川五郎治は一八〇五年択捉島に渡り、シベリアの雪原を長さ一五〇cm以上のストーに乗りカモシカに引っ張らせて一〇〇〇km滑って走破した。片手には輪のある雪杖（ストック）を使用し実際にストーを使いこなしていた。

レルヒの日本スキー術伝来より二一〇年～一〇〇年前の出来事である。

第三節　日本・北海道スキー伝来

明治二十六年頃（一八九三年）、北海タイムス記者河合七郎はカムチャツカに出稼ぎに行った漁民から「ストー」と呼ばれるアザラシの皮を張ったスキーのようなものを土産にもらって雪の上で遊んでいる。レルヒがスキー術を伝える以前、樺太にあった樺太式スキーは七、八寸（21～24cm）程度の幅があった。樺太式スキーが北海道における最初のスキー伝来と考えてよいかもしれない。ストーの存在は古代スキーが日本固有のアイヌ民族によって古くから日本に存在していた可能性を思わせる。

樺太式スキーが北海道へ伝来した当時、体系化されたスキー技術の指導はなかった。文字を持たなかったアイヌ民族のスキー技術やその発祥には不明な点が残り、スキーの取り扱いや操作方法についてはアイヌ民族が古くから体得した技術を口承によって子孫に伝授していたと推定される。

明治二十八年頃（一八九五年）、篠津村（北海道）で三瓶勝美は十三才の時に、父が日清戦争に出兵し持ち帰ったストーク（樺太スキー）を持ち出して遊んでいた。三瓶は月寒歩兵第二十五連隊に所属し旭川でレルヒのスキー講習にも参加している。

明治三十五年（一九〇二年）、神戸ノルウェー総領事ペーター・オッテセンが青森歩兵第五連隊八甲田山の遭難の悲報を聞き、日本陸軍へノルウェースキーを寄贈したのがスキー伝来の最初であるらしい。映画「八甲田山」で知られると雪中行軍の演習中に亡くなった一九九名の訃報が、近代スキー渡来のきっかけになったことはほぼ間違いないようである。

明治三十六年（一九〇三年）暮れに正式なノルウェースキー三台が月寒歩兵第二十五連隊に贈られてきたことがあった。三瓶勝美が石田大尉と村上中尉とともに苦心して滑ってみたが充分な成功をみなかったことを述べている。

明治四十二年二月（一九〇九年）、陸軍師団長上原勇作が将校子弟の児童に対し冬期間の体力向上のため、スウェーデン式スキーと樺太式スキーを旭川北鎮尋常小学校へ寄付をした。上原は旭川橇製造業者の森田亀次郎にスウェーデン式スキーを二台作らせ、そのスキーで運動場や近くの春光台を自由に駆け廻る事が出来るようになっていた。

また、農大にドイツ語講師として赴任したハンス・コラーは、明治四十一年春にスキーを輸入した。翌シーズンの初冬、スキーを滑る要領が解らなかったコラーは、札幌に雪が積もったある日、北大予科二年の教え子山根甚信にスキーを履かせた。場所はコラーが独身時代に下宿していた北大加藤教授の旧石狩街道筋にあった庭園内であった。

このほか、北海道関係以外に日本スキー伝来に関する多くの著作資料が残されており紹介を割愛するが、明治四十三年十二月、スウェーデン公使杉村虎一がノルウェー式とスウェーデン式スキーの二種を陸軍省に寄贈し、同省はこれを第十三師団に送りスキー研究を命じている。レルヒが高田に到着する直前、第I章で述べた鶴見大尉がスキー研究をしていた。

このように、レルヒのスキー術伝来以前に北海道や各地域へスキーが渡来していることは数々の資料によって明らかにされている。しかしながら、スキー術の体系的な指導や組織的な普及振興がなされなかったことから、日本において広がりがみられなかった。スキーの普及にあたっては道具があっても使用法が解らなければ使いようがないことがわかる。

参考資料（第一～三節）

Lilienfelder Skifahr-Technik. M.Zdarsky Hamburg　一八九六

スキー術　鶴見宜信　東京厚生堂　明治四十五年一月十八日

北海タイムス　明治四十五年三月一日

小樽新聞　明治四十五年三月二日

小樽新聞　昭和三年二月二十二日、昭和五年二月十五日

中野理　日本スキーの誕生　金剛出版　昭和三十九年

読売新聞　昭和五十二年十二月四日

市立函館図書館「異境雑多」「五郎治申上荒増」

北海道大学大学院教育学研究科紀要　日本スキー発祥前史についての文献的研究　中浦皓至、八五―一〇六、二〇〇一

第四節　小樽に誕生したスキー産業

第Ⅰ章第三節で述べたように、小樽のスキー製造事始めは宣教師パレットのスキー注文によって始まった。明治四十四年十二月、パレットからの注文を受けて笠原榮太郎は自社の龍徳町の鉄工場で一台のスキーを作製した。未だかつて見たこともないスキーを注文通りに作ることは至難の業であっただろう。何らかの資料をもとにスキー制作に取り掛かったことだろうが当時の苦労は相当に重かったと思われる。スキーが納品されてパレットが小樽のどの斜面でどのようにスキーを試走したかは知られていない。当時は、スキー靴の代わりに編上靴やゴム長を使用していた。靴とスキーの脱着連結部を工夫することに最大の難点があっただろう。小樽のどこでどのようにスキーを試走したかを知るすべはないが、パレットは小樽で最初にスキーをした人物になるかもしれない。地元教会の日本人関係者もスキーを試走したそうだが、スキー術とは何であるかを理解していない状況では、遊び程度のものにしかならなかっただろう。当時の記事によるとこれが小樽における最初のスキー製造になることは確かである。

その後、笠原鉄工所では苫米地が高田から持ち帰った墺國《おうこく》（オーストリア）式スキーを実見するこ

とになる。種々研究のすえ明治四十五年三月には試作品を完成させ、同年末（大正元年）には製造販売を始めている。その試作スキーは、小樽新聞社へ寄贈され着想も良く新工夫もみられるが脆弱のきらいがあると評価されているものの、販売に至るまで改良が施されていった。販売時には直江津田中工場製の金具が使われ、当初はスキー板のみの製造であった。同年大正元年十二月には、稲穂町の音崎鉄工所で音崎式スキーを製造販売した。スキーにはクルミ材が用いられ、金具は靴の大小に合わせて調整する工夫が施されているが、十分な試験期間を経ていないため調整に苦心している。このほか、住之江町の柴田工場でもスキーの製造販売に着手していた。また、手宮町と色内町の梅屋商店ではスキーを手広く販売し新聞広告を大きく掲載している。小樽ではスキー伝来から僅か一年足らずの間に三軒の鉄工場でスキーが製造されるようになった。小笠原鉄工所は北海道で最初のスキー製造から販売まで手掛ける会社となり学生用・子供用スキーなど種類も豊富に扱われた。

小樽梅屋商店（後に運動具店）ではオーストリア式が六円、ノルウェー式のひも式スキーが三円で販売された。もりそば一杯が五銭の時代である。梅屋のスキーは人気があり、大正十五年の生産台数は約二五〇〇台だった。大正十二年第一回全日本スキー選手権の距離競技では、一着から三着まで樺太からの選手が圧倒的強さをみせ桜庭（樺太の選手名）式スキーが活躍したことがあった。このスキーはイタヤ材の背丈ほどの短いスキーで、靴の締具も皮を使って軽くしてある。重い金具締具をつけた長くて重いスキーとでは大きなハンディがある。リレーの前日、樺太に対抗するには樺太の桜庭式スキーを使うしかないということになり、小樽スキー倶楽部理事で梅屋運動具店主人の村住美喜三は、今夜中になんとしても桜庭式スキーを作らなければならないと覚悟を決めて職人たちと徹夜でスキーを作り上げたこともある。彼はスキーへの情熱から上質なスキーを作り選手たちからの信頼も厚く、冬季オリンピックに初めて参加した伴素彦は「北大スキー部時代では部員全体が毎年スキー用品を小樽梅屋から購入していた。昭和初期まで他に適当なスキーメーカーがなかった」と述べている。梅屋は昭和一二年にスキーの製造をやめて販売専門になった。昭和六年十二月の梅屋の広告では、スキー、両杖、手袋、帽子を一組に特価八円、スキー靴最上品を八円五十銭で販売している。

昭和五年潮見台日東ゴム工業が大人から子供用までスキー靴を作成した。またスキー製造にも着手し昭和九年には日東号スキーが誕生した。昭和十四年札幌へ移転したがその後戦争激化により廃業している。

昭和七年に創業した量徳寺前の福原スキーはスキーヤーの焼印がスキーの裏に押されていて、これが子供達の人気を集めたが、昭和十年頃に店をたたんでいる。

野村スキー（入舟町）は木材商野村軍規が昭和七年創業した。最高級のヒッコリー材が入手できたことで知られるようになった。昭和十一年北海道では初めて合板スキーの制作にとりかかり合板スキーの専門メーカーになった。野村軍規はスキー研究に熱心で選手たちからの信頼が厚かった。丁寧な作りの優秀な製品が評判で札幌東京まで進出し創業五年目には合資会社となった。合板スキーは競技スキーヤーと一般スキーヤーが買い求めた。

昭和八年小川麻次郎が長橋町にスキー工場を建設した。小川は稲穂町で玩具店を開いていた傍らスキーの製造販売をするようになった。小樽では野村スキー、小川スキーと戦後創業したアジアスキーの三社が昭和後期までスキーを製造販売していた。

スキー術の黎明期、小樽においてスキーを通して多くの人材が輩出され豪雪が降り傾斜地を有する地理的条件に加えて、スキー産業を創出する起業家の存在や、商魂たくましい気質、高い組織力、経済力、パイオニア精神の資質を持った多くの小樽の人々がスキーのメッカといわれる小樽をつくったのである。

参考資料

小樽新聞　明治四十五年三月七日、大正二年二月二十二日
緑丘新聞　昭和六年十二月二十五日
スキーの誕生　中野理　金剛出版　昭和三十九年
発掘・日本スキー用具発達史　瓜生卓造　昭和四十七年
スキーのふるさとおたる　昭和五十五年
小樽スキー連盟七十周年記念誌　昭和五十八年

あとがき

明治末期から大正、昭和にかけ、自宅玄関前からスキーが履ける大きな都市は日本全国見回しても殆ど見つからない。小樽は市内各所至る所に坂道があり、スキーが盛んな街として古くから知られているが、現在当地ではスキーをたしなむ人が少なくなり、地元の大学生ですらスキーが盛んな街であったことをあまり知らない。

大学アーカイブスに掲載する「小樽高商とスキー」の執筆を依頼され、その際頂いた資料に触れてその高商スキー史の奥深さに感銘を受けた。小樽スキー史の全体像を調べていくと、それらを記録した執筆物はとても少なく断片的に残っている資料だけであったが、その価値の重みに驚かされるばかりであった。幼少の頃からスキーに親しみ携わってきた大学人として、古き良き時代の事が忘れ去られる前に、その記憶を残したいと考えた。創立百周年を迎えることになり、『小樽商科大学百年史』の刊行に併せて「小樽高商とスキー」が字数制限つきで執筆が割り当てられ、印象深い出来事をさらに書き綴っていたところ、本書を創立百周年記念出版として発刊できる機会に恵まれたことに感謝申し上げたい。

本書の小樽スキー史については、その年代と分野の範囲が極めて広く、大事な情報が漏れている事も考えられる。従って、内容は小樽高商を中心として戦前と終戦直後のスキー史に限定した。戦後から平成にかけて小樽スキー史は全盛期を迎えることになるので、スキーによって演出された数々のドラマが再現されることを今後に期待したい。

謝辞

執筆にあたり資料を提供しご助言頂いた小樽啄木会会長水口忠氏、小樽商科大学百年編纂室平井孝典氏に深く感謝の意を表します。また、ご丁寧に校正して頂いた和田健夫副学長、鈴木将史言語センター長、関係各位のご協力承り厚く御礼申し上げます。

著者紹介

中川喜直（なかがわよしなお）　小樽商科大学教授　医学博士

専門：スポーツ生理学、スポーツ科学、健康科学

受賞：平成十六年日本体力医学会賞（日本体力医学会）

職歴：日本体育大学大学院助手を経て、小樽商科大学講師、助教授、文部省在外研究員としてコペンハーゲン大学にて一年半研究に従事する。

札幌市出身、アルペンスキー選手としてインターハイ、全日本学生スキー選手権（インカレ）、国体、全日本選手権大会、全日本スキー技術選手権（基礎スキー）等に出場した。平成二十年より（財）全日本スキー連盟より「イグザミナー」を委嘱される。

本稿を終えるにあたり、平成二十三年東北地方太平洋沖地震・津波で亡くなられた方々のご冥福をお祈り申し上げます。

もうひとつの
スキー発祥の地〈おたる地獄坂〉

二〇一一年六月二十五日　第一刷発行

著　者　中川喜直

発行者　山本眞樹夫
発行所　国立大学法人小樽商科大学出版会
〒〇四七－八五〇一　小樽市緑三丁目五番二十一号
電　話　〇一三四－二七－五二七一
ＦＡＸ　〇一三四－二七－五二七八
http://www.otaru-uc.ac.jp/htosyo1/shupankai/
発売元　株式会社　紀伊國屋書店
http://www.kinokuniya.co.jp

ISBN 978－4－87738－392－3 C1075